从前的中国

〔日〕竹内康浩 著

宋刚 译

新星出版社 NEW STAR PRESS

"有邻"丛书
发现不同视角下的中国

中国主题图书出版联盟策划出版。2018 年，联盟由新星出版社策划并联合岩波书店、日本大学出版部协会共同发起，旨在集合中日出版界中坚力量，打造联合、开放、包容的出版平台，鼓励以多种方式策划出版中国主题图书，并在中日两国出版发行。

中国·新星出版社

日本·岩波书店

日本·大学出版部协会

日本·东方书店

前　言

　　提及日本史，战国与幕末最聚人气。与此相仿，中国的历史长河中，也有特定的时代与主题颇受瞩目。一类是英雄辈出、豪杰纵横的时代。比如始皇治世、楚汉相争、三国群雄一类故事便是如此。这类故事还被改编为游戏和动漫，即便是孩童也耳熟能详。另一类则以文化为主题。例如唐诗宋词、丝绸之路等也是受众颇多。深厚的历史背景下，广漠的大陆舞台上，世界之宏，底蕴之深，无不散发着魅力。类似的例子不胜枚举，不只是前面所提，中国历朝历代之中，都有无数英雄豪杰与骚人墨客，在不同时代散发着傲人的光芒。话虽如此，一方面，正如并不是每个日本人都可能成为圣德太子与织田信长一样，中国人也不可能遍地秦始皇，处处诸葛亮。这些主人公正是不同时代的引领者与代言者，他们超凡脱俗，或运筹帷幄，或能力非凡，无不以其不同于常人之处为后人传承，在青史留名。然而，另一方面，他们的一言一行如果太过异于平常百姓，大约并不会如此家喻户晓。正因为他们的成就亦是百姓们的心之所向，抑或是在百姓憧憬的道路上力竭而死、功败垂成，也会赢得后人的嘉评。从此种意义上来说，即便是英雄史诗，也要先从平民百姓的所思所为认知，以此为基石，才可进一步探究。

武将挥舞兵刃驰骋于万马之中，谋士运筹帷幄决胜于千里之外，这样的史诗是如此令我们兴奋与着迷。然而我们却又不禁发问："实际上和平稳定才是最好的时代，当时为什么会如此战乱纷争呢？"这个问号虽然单纯质朴，却又直击本质。为什么这么说呢？因为我们会想到生命只有一次，他们却将生死置之度外，让自己勇赴战场，一定是由于有某种比生命还要宝贵的东西，为了得到这种东西，他们宁可血染沙场。当我们读到一些历史方面的书籍时，如果你发出"他们为什么会选择这条道路"的疑问，那你自然会接二连三地问自己：

"实际上，我们或许并不明了古人心？"

"是不是我们仅仅停留在自我满足之中，不过是以今人的心境去妄揣古人的情怀？"

再进一步去思考，我们又会想道：无论是哪朝哪代，都充斥着数不尽的荒唐事，而改朝换代之后，历史前进的车轮真的就碾碎了这些荒唐事吗？举例来说，假使旧时代都是荒唐事，都是不尽如人意之事，那么旧时代一定是黑暗无光的世界。实则真的是那样吗？如果过去真的那么黑暗，又有谁会欣赏历史剧呢？也就是说，我们认为现代超越了过去，其实在过去的世界中，有一些我们原本真实的东西，却一去不复返了——或许，我们每一个人的心中都普遍怀有这种感受。或者说，有些东西是超越时代的，具有普世价值的，也是本质性的，作为人都应当具备的。而人本身也有冲动去寻找这些东西。我认为，人们对于历史的关注，是以此为前提才成立的。

因此，我们必须要看清古人的面庞。思维方式、行为模式、在物品中寄予的情怀，我们都要探究下去。实际上，历史中还有无数群山等待我们认知。或许，我们了解到的只是其中的一小部分。历史学者的工作没有尽头，而我本人，最想了解的是人们的生活百态。并非英雄豪杰们，而是一个个普普通通的人，为了度过无法重来的一生，他们思考些什么，他们珍视了什么，他们有过怎样的行为，这些就是这本书想要追寻的核心主题。或许，即便是英雄豪杰也非例外之人。一方面，他们也曾经年少无知，也曾喜为人父，也曾有过与凡人一般无二的生活；另一方面才有过与众不同的传奇人生。因此，本书阐述的是人们的生活状态，通过对"以何为求，以何为贵"这一价值观审视历史，这也是我撰写本书所设定的目标。

为阐明这些问题，也为了便于叙述，我会分为两个层次。第一个层次，我会用三章篇幅，尝试从每一个个体的生命周期去思考与审视。一个人降生于世，必然有其父有其母，更有其兄弟姐妹，有其家人亲朋。其后，又必然为人父为人母，又难以避免生老病死。人生一世，过的是家庭。另一个层次是，这一个个体，也同样存在于"社会"之中。人与社会之间的关联，是积极的还是消极的，是肯定的还是否定的，我会留到第四章及其后各章中讨论。人活于世，接触的不可能只有自己的家人，生命中还会出现无数无缘无分的旁人。日常生活中，难以避免地要接触他人。无数看似无关的旁人集合在一起，并形成各个不同的体系，每一个人都生存在这样的"社会"之中。人生莫不在这两个层次之中经营，也可以称前者为"私"，后者为"公"。

现代生活中，一方面，我们依然认为家与家人属于"私"的领域。绝大多数人在其一生之中都会与他的家或家人有着或多或少的联系。过去亦然，无论是黎民百姓，还是九五之尊，无不是如此。首先，我会聚焦"私"的领域展开论述，这一领域是人类生命周期的根本，家与家人是伴随人们成长而形成的价值观的源泉。另一方面，绝大多数人的一生还会与家人以外的他人不断交织。居住地的邻里，工作中的同事等，其实家人以外的他人，在人的一生中才占据了大多数。人们在这样的环境中生存，这一环境中存在着超越家庭的秩序，每一个人都必须要遵从的秩序。对于每一个人的人生来说，这些秩序并非都是友善的。这些秩序，因时因地也有可能杀人于无形。在本书的论述中，我会关注一些这类负面因素，同时整体考量人在社会中生存所要遵循的价值观。

　　围绕"公"与"私"这两个层次会产生诸多问题，今天的日本人和古代的中国人所处的环境是基本相同的。这两个层次同时存在，又有时此来彼往，横亘于每一个人的一生之中。因而我想思考的，实则是我们所处的今天，还有我们将要迎接的未来。如何活在当下，如何创造未来，这些都是我想要在本书中思考的。

　　几年前，还在二十世纪九十年代末期，短时间内"世纪末"备受瞩目。社会上开始流行一种威胁论与末世论，同时还掺杂着一丝娱乐气息。当时的末世热，在今天看来不过沦为笑谈。归根到底，世纪末只不过是西历纪年的一个现象，佛教与伊斯兰教与此毫无干系，不过是一个数字的终结而已。于我们来说，更为关注的却是世纪之交后迎来的新世纪。世纪末的我们做梦也没有想过，纷繁复杂的不安，多灾多难的现实，没有一天不牵扯着我们的视线。一方面，恐怖主义、战争、大规模自然灾害，每一天的新闻中都充斥着这些负面消息。重大犯罪案件、自杀事件也是层出不穷。另一方面，人权意识得已确立，社会制度以人为本，历史上没有哪一个时代在这一方面可以比拟当代。当然，仅仅从"生存"角度考量，也没有任何一个时代会让人类面临如此多的风险。战争这类危险当然是非日常的，但远远不止战争。食品与饮料中的添加剂等，我们每天摄入口中的食物也已经问题重重。粮食问题是伴随人类历史发展而存在的难题，但如今我们面对着堆积如山的粮食，里面却含有毒害人体、蚕食生命的物质，这样的时代，在历史上也是未曾有过的。甚至有声音喧嚣着，人类正在面临种族灭绝的危机！

类似情况正深深根植于近代以来世界的各个层面，根植于人们生活的点点滴滴之中，这一点已经被得以充分讨论。但是，我们讨论的焦点，似乎没有延展到近代以前，那时的人们又是如何生存的呢？大多数人没有提出过这个问题。想想也是理所应当，因为近代以前是我们已经超越的时代，早已没有必要从那里汲取什么养分了。并且，历史的车轮难以倒转，我们能做的，只有正视近代以来发生的种种事端，并以此为前提创造未来。尽管历史无法重来，但类似宗教中提倡的原理与回归本源一类的运动，还是依然可能出现的。我们大约都听到过，一些组织和教派，他们对于近代文明是持否定态度的。但是，本源到底是什么？对于这个问题，似乎还没有确切的答案。

如果将人类在各个时间点和空间点中选择的选项用因果论进行连接，历史就会形成一幅脉络图。那么，对于未被选择的选项进行重新审视的工作，于我们来说是不是也有一些意义呢？这并不是为了那些未被选中的选项而悔恨不已或是责难他人，只是通过这项工作，我们可以思考在决定今后的生存方式时，那些被淘汰的选项在今天是否依然有效。如果我们这样来立论，即便是近代以前的事物，应该说也具有巨大的参考价值。"历史没有如果"这句话我也曾经看到过，但我觉得说得并不准确，我们在研究历史的时候，不如说应该想象出更多的"如果"才好。

还有一种说法，就是"被选择的都是正确的"，但是，我认为历史上有很多个选择并非完全正确，而是迫不得已才做出的。因此，我们还是有必要思考何为正确？为了做出正确选择我们又该何为？因而无论是中古还是近古，无论过去多少岁月，很多案例已然是我们处世的参考。不得不说，只要是与人类的生活息息相关的，就有让我们进一步研究的价值。

在这样一个时代之中，我们怎样才能让人生变得完满；怎样才能平安度过一生；需要如何思考；需要如何出世；我认为这些疑问在古代中国史中都可以找到答案。这也是本书的核心所在。

进入正文之前，有一些需要提前阐明的问题。本书的研究对象从区域上来说是中国，引用史料涉及的时代大致从春秋战国到清朝末期，其中最为主要的是秦始皇登基到宣统帝退位的帝制时期。本书对这一期间采用"曾经的中国"或"旧中国"等表达方式。但是，这一期间极为漫长，跨度长达两千年。其间历史发展充满动态，变化多端。但在本书中，几乎没有涉及任何历史变迁，写法上看起来仿佛从公元前到清末的中国大地一直处于一种静止状态之中。其原因之一是笔者力有不逮，很难将动态描绘得淋漓尽致。另一方面，皇权统治确立以来，遵从古代圣贤之道的原则也得以固化。其后中国社会的特征，基本上是对于这一原则的洄游。因此，不如研究、迫近历代共同遵守的静态原则，这也是我自身最为关注的，这个理由所占的比重似乎更大一些。我绝没有认为中国在两千年间停滞不前，这一点还请理解，万望不要产生误会。

另外，我把研究对象限定在春秋战国到清朝末期的帝制时期也是有缘由的。清朝灭亡后成立了中华民国，至当今时代，中国政体都是否定君主制的。本书在后半部分中也会详述，君主制理论并非只是一种政治手段，这一整套理论其实是建立在如何认知世界的方法论之上的。因而对于君主制无论是肯定也好否定也罢，任何一种意见都会导致包含体制自身在内的社会形态发生天翻地覆的变化。从此种意义上来说，中华民国以后的中国，与当今日本在看待世界的问题上是同属一类的，因此，本书把清末以后的中国放到了研究视野之外。进一步说，就是将研究对象限定在帝制时期。当然，民国时期的中国也不是一切都发生了改变。自由与平等在现实中依然没有得到尊重，更没有得以实现。人们的意识也不可能在短时间之内发生急剧变化。二十世纪四十年代，日本学者开展调查，并编纂了一本《中国农村习俗调查》（岩波书店）。翻一翻这本书，就会发现其中有很多话语与清代以前的文献中体现的民众意识没有什么两样。政治体制的变化与民众意识的变化之间存在何种关联；日本在从近代到现代的发展过程中如何呈现这种关联；这些疑问都必须当作另一个研究课题加以审视了。另外，民众意识中没有因时代发生变化的部分，日本主流声音批判其为"封建遗制"，但私以为这类批判本身也存在着一些问题，在此就不赘言了。只不过由于帝制与非帝制的不同，实则根本上源于对于世界的理解方式不同，这不同又如此触及本质、差异巨大，因而将两者放在同一架天平上衡量似乎有些欠妥，因此本书对于民国之后一概不论。我们都是君主制被否定之后降生的人，我认为我们必须学会思考，整理头绪，为何君主制理论在那样漫长的岁月之中都能够为世人所接受。基于以上这些理由，本书聚焦的时代区间便限定于帝制时期。这一点是需要提前阐明的。

与本书相关的文献主要源于史书，特别是前三章我有意选用了正史。如前所述，我在叙述中着力于梳理在历史长河中并非明星的凡人故事。因此，前半部分的内容大多基于史料的引用。还有一点，本书全文均参照了大量的中国领域研究。特别是第五章以后的各个主题在研究史上著述颇丰，其中不少我也加以了借鉴，这也导致在不同篇章的叙述方法上略有不同，如在整体上影响了读者的阅读感受，敬请谅解！

目　录

第一章
家族的肖像

墨子的"兼爱"

本书前三章意图思考的是一个日常而又颇具现实性的问题，即人为了过好普普通通的日子，抑或是为了能够活下去，应以何为重？或者说，活下去应以何为本？

这一设问可以成立的首要前提，就是人要活下去，也必须要生存下去。拥有生命是思考这一问题的绝对前提，如果失去生命，就根本无法思考问题。即使天寿不可掌控，但我们至少可以避免因犯罪或战争等不合理因素缩短人的寿命。我们生活在 21 世纪，但战争、纠纷、恐袭绵延不绝，各类重大事件也纷至沓来。并且，这类事件的形式层出不穷，远超 20 世纪人们的想象，导致我们在社会上感受到了种种新的不安。但是，如果我们把它们看作不过是恐怖事件在方法论上、在技术层面上发生了新的变化而已，就会发现这类不安与危险，其实从遥远的公元前至今为止就从未中断过。因此，逆向思考的话，关于如何消除这类不安与危险的思想也是古已有之。并且，这类思想并非是对兵荒马乱的世间视而不见的避世谏言，而是要在社会之中求得一席之地的处世之术。让我们放眼中国古代思想，在此我想谈一谈诸子百家中的一人——墨子。首先，我们管窥一下他著名的"兼爱"思想。整个世界纷扰不断的今天，我认为更有必要重新审视这一主张。

关于墨子的生平，并未为人所熟知。从历史时期上来说，据推测墨子活跃于春秋时代末期到战国时代初期。一般认为墨子姓墨名翟，但中国并无"墨"姓。遍查辞书，将"墨"正式当作姓氏的也仅此一人。一种说法是墨子本为有罪之人，被处以黥刑。面上刺墨，因而自称"墨"（当真如此的话，"墨"便并非姓氏了）。但这种说法并不确切。当我们审视墨子思想的时候，他的种种生平当然不容忽视，此为后话。不过，此处我不愿赘言，只想聚焦在他的思想上。不论事实如何，墨子并未被后世当作有罪之人而加以唾弃。非但如此，还有人将其尊为仙班一列（载于公元 4 世纪葛洪所著《神仙传》）。因此，一些不确凿的说法本书也就一笔带过了。

《墨子·兼爱上》是如此开篇的：

圣人以治天下为事者也，不可不察乱之所自起。当察乱何自起，起不相爱。臣子之不孝君父，所谓乱也。子自爱不爱父，故亏父而自利；弟自爱不爱兄，故亏兄而自利；臣自爱不爱君，故亏君而自利；此所谓乱也。虽父之不慈子，兄之不慈弟，君之不慈臣，此也天下之所谓乱也。父自爱也，不爱子，故亏子而自利；兄自爱也不爱弟，故亏弟而自利；君自爱也，不爱臣，故亏臣而自利。是何也？皆起不相爱。

文章虽是汉文中常见的之乎者也，但所言简明易懂。最后一句"皆起不相爱"，指的便是即使是血脉相连的父子，倘若不相爱，也会损害对方以自利，从而陷入"乱"局。其后，墨子又写道：

虽至天下之为盗贼亦然。盗爱其室，不爱异室，故窃异室以利其室；贼爱其身，不爱人身，故贼人身以利其身。此何也？皆起不相爱。

话锋一转，墨子从父子兄弟又谈到生人之间的关系。毫无干系毫无情分的两人之间，更是会愈发露骨地相互侵占利益，肆无忌惮。之后，墨子超越个人层面，论及贵族，论及肩负一国之政的大夫，最终上升至国家层面：

虽至大夫之相乱家，诸侯之相攻国者亦然。大夫各爱其家，不爱异家，故乱异家以利其家；诸侯各爱其国，不爱异国，故攻异国以利其国。天下之乱物，具此而已矣。察此何自起？皆起不相爱。

"皆起不相爱"在文中重复了多次。我们可以充分解读出来，这一句便是墨子对于世间为何多灾多难的理解。用今天的语言解释墨子的观点，大约就是利己主义是世界上一切争端的根源。墨子生活过的年代距今已有两千多年了，生活在今天的我们依然可以完全理解其主张。当然，也可以说一切争端的祸根都并不仅仅是利己主义。特别是在政坛，我们可以观察到形形色色的力量之间充斥着博弈。这些力量虽源于个人，却又都超越了个人主义。然而，不论一个集体或组织的意志如何，煽动其每一名内部成员情绪的力量，无不出于墨子的观点。这一点不可辩驳，也无须辩驳。

　　那么，如何才能平息根植于利己主义的"乱"呢？我们再看一看墨子的言论。

　　　若使天下兼相爱，爱人若爱其身，犹有不孝者乎？视父兄与君若其身，恶施不孝？犹有不慈者乎？视弟子与臣若其身，恶施不慈？故不孝不慈亡有。犹有盗贼乎？故视人之室若其室，谁窃？视人身若其身，谁贼？故盗贼亡有。犹有大夫之相乱家，诸侯之相攻国者乎？视人家若其家，谁乱？视人国若其国，谁攻？故大夫之相乱家，诸侯之相攻国者亡有。

　　　若使天下兼相爱，国与国不相攻，家与家不相乱，盗贼亡有，君臣父子皆能孝慈，若此则天下治。故圣人以治天下为事者，恶得不禁恶而劝爱！故天下兼相爱则治，交相恶则乱。

世上之"乱"，皆生于利己之心。但是，如果每一个人都可以爱己及人，世间的纷争也就无影无踪了。其实，对于任何人来说，"乱"都是不祥之事。即便一时害人利己，说不定何时便会成为受害之人。从这一立场出发，墨子所言应当是天下之人所应当遵循的准则。仅仅父子之间无"乱"还远远不够，君臣之间无"乱"依然不足，直到天下无贼，国与国不相攻了，才算达到相应的境界。由此来看，实现起来颇为困难。不过，反过来想一想，似乎又没有什么特别之处。甚至可以说，只要每一个人改变了心境，瞬时间便可能实现。或许可以认为，那是一种并非依靠武力恐吓或强制粉饰出的太平，而是真真正正的河清海晏。对于墨子的思想，今天的我们完全可以理解，并且能够产生共鸣。因此，即使是对于能否实现持有怀疑态度的人，大约也不会认为墨子的思想荒谬可笑吧。

孟子的墨子批判

然而，对于墨子的主张，曾经有人大骂其一无是处。这个人也同墨子一样，是诸子百家中的一位，他便是孟子。

孟母教子图

孟子名轲，大约生于公元前372年，卒于公元前289年。孟子母亲教子有方，为了改善教育环境而三次举家迁移。"孟母三迁"的故事，在日本也是家喻户晓。孟子思想详见他本人著述的《孟子》。孟子主张人生而性善，提到"性善说"，相信不少人都会想到孟子。时至今日，"恻隐之心"一词还偶或使用。这个成语就来自与"性善说"密切相关的《孟子》一书。既然孟子主张人性本善，看来应当赞成墨子的观点才对。然而恰恰相反，孟子对墨子却是恶语相向。

《孟子·滕文公下》之中，孟子哀叹世风日下，他认为如果说有人提出的观点毒害世间，便当属杨朱与墨子。孟子如是说：

（孔子离世之后）圣王不

作，诸侯放恣，处士横议，杨朱、墨翟之言盈天下。天下之言不归杨则归墨。杨氏为我，是无君也。墨氏兼爱，是无父也。无父无君是禽兽也。

战国时代赢得舆论支持的，是主张极端利己主义的杨朱和主张极端利他主义的墨子。孟子痛骂这二者皆"是禽兽也"。孟子认为杨朱与墨子的歪理邪说强调的是无父无君，因此可以当作"禽兽"口诛笔伐。之后的言辞是孟子强调应宣扬圣人孔子正确思想的一片赤诚，因与本书关联甚少，便不再赘述了。从上述孟子的文章中，我们也可以解读出战国时代前期墨子思想影响之广，这与孟子的期待可谓是背道而驰了。在战火纷飞的战国乱世之中，墨子主张以兼爱得太平，这一观点获得黎民百姓的支持，从某种意义上来说似乎不难理解。尽管如此，究竟是什么让孟子如此大动肝火，称墨子思想不近人伦，而属禽兽呢？"禽兽"这种言辞，可是相当猛烈的了。

孟子非难墨子，但并非言之凿凿。称墨子思想"是禽兽也"，从方式上来看也是一口咬定后便置之不理了。孟子对墨子的批判，最终也只是止于"兼爱"一说无视父尊，因而与禽兽无异。倘若从孟子的立场出发去解读这一逻辑，就是父亲是极为特殊的存在，墨子思想轻视父权，因而失掉了人伦。孟子推崇的便是"仁义"，后世有人注解道："轻父不仁，轻君不义。"（焦循

《孟子正义》）孟子一定认为，墨子与杨朱的思想有违"仁义"。

于孟子而言，君与父是至高无上的。人与动物的不同之处，人类的秩序正在于此。墨子的"兼爱"之说意图打破这一秩序，因此孟子容不下墨子的主张。从当今人类的智识来看，动物界也存在种种秩序，并非孟子想象的那样混沌。当今世间，君主制逐渐消亡，父亲在家庭中发挥的作用也与古代不可同日而语。因而孟子的言论留给我们的印象是如此陈腐、如此封建的历史产物。此种意义上来说，墨子的思想在今天依然适用，具有一种普世价值。

话虽如此，孟子与墨子的观点，真的是大相径庭吗？

孟子与墨子的相同前提

孟子将墨子视作眼中钉，他认为只要世间存在一天杨朱与墨翟的歪理邪说，孔子所言的正道便难以实现。然而，既然如此敌视对方，理应加以用心揣摩，这也应该是批判的前提条件。我们先来考量一下，孟子对于墨子的"兼爱"之说理解得是否正确。

开门见山地说，孟子对于墨子的理论是持有误解，或是曲解的。我们无法考证，孟子是否真的手持《墨子》，熟读"兼爱"了。实际上，孟子很有可能没有读过《墨子》，抑或是在墨翟亡故后，孟子只是将墨家弟子所言的墨家学说当作了同时代的理论天敌，而当时的墨家学说与墨子本来的思想已经不可同日而语了。即便如此，仅仅是针对《墨子·兼爱》，孟子便清清楚楚地误解（曲解）了其意。我们从上文引用的《兼爱》中抽出所需的部分，再一起品味一下。

> 视父兄与君若其身，恶施不孝？……视弟子与臣若其身，恶施不慈？故不孝不慈亡有。……若使天下兼相爱，国与国不相攻，家与家不相乱，盗贼亡有，君臣父子皆能孝慈。

如果墨子所提倡的"兼爱"得以实现，则子对父孝，父对子慈，同样也会臣对君孝，君对臣慈。因此，在墨子的思想中，也清晰地存在着父与子、君与臣等关系，并且为了将这些关系处理得更为和睦，从而引进了"兼爱"之方。因此，孟子所批判的"是无父也"便完全是无的放矢了。称墨子的"兼爱"即"无差别的平等之爱"并不确切，这一点浅野裕已经在《墨子》（讲谈社学术文库）中加以指摘。墨子其实是在承认人与人之间的关系上下有别的基础之上，提倡采取"兼爱"的方式，从而使关系变得更为融洽。孟子引用的《墨子》中的篇章，明显存在误读或断章取义之嫌。孟子是长于雄辩之人，将别人说服后往往会自鸣得意，有时甚至还会歪曲或嘲笑对方的学说。这里或

11

许就有一个类似的例子，孟子亲口对齐宣王大致这样说道：

> 老吾老，以及人之老；幼吾幼，以及人之幼，天下可运于掌。

可以说，这一句与墨子提倡的别无二致。关于这一点，难道孟子自己就没有丝毫察觉吗？如此看来，前文中孟子的批驳之语，会使人疑心那只是为了攻击和贬低他家思想而"有意为之"了。也有学者认为，孟子对于墨子的攻击，与近亲相憎有几分相近。也就是说二者的主张有相近之处，因此才过度强调小异，从而达到排斥对方的目的。

如此看来，实际上不光是孟子，墨子在阐述自己的思想时，与孟子相同，也是以父子、君臣等人际关系为前提的。孟子强调"无父无君是禽兽也"，墨子也视君臣、父子之间的秩序为必须要处理好的关系。因此他们二者主张的基础，都是将这样一种上下关系当作社会基本构造看待的。而类似人人平等、维护每一个人尊严的想法在这里并未体现。倘若真的有人人绝对平等的观念，那才是孟子应该正面批判的。因此，在二者的认知当中，父子也好，君臣也罢，都属于当时的一种人际关系，而这种关系的前提就是上下有别、难以平等的。

在孟子和墨子的观念中，人世间呈现出何种样态呢？简要来说，父子关系是家族关系的主轴，家族关系是社会关系的基础，君主制高高在上，覆盖住整个社会。这种认知在当时来说是最自然不过的了。关于君主，其实绝大多数的黎民百姓从生到死也很难亲眼一阅龙颜。因此，即使每个人的心中都清楚自己是天子的臣民，但天子对于大多数人来说，都是遥不可及，难以感知的。因而对于每个人来说，在人生中最为重要的关系就是家族关系了。人生于世，必定有自己的家人。即便发生不幸，家庭四分五裂，但只要降生到这个世界上，就一定会有父母。无父无母，又怎能获得生命？只要有了生命，那么生物学意义上的父母是绝对存在的。不只是平民，天子当然也有其父皇与母后。可以说，在曾经的中国，形成人与人之间关系的基础单位并非是身份上的高低，而是家族中的远近。儒家经典《易经》的《坤卦》中写道："积善之家，必有余庆；积不善之家，必有余殃。"这句话后来成为谚语，前后字数得已统一后成为"积善之家，必有余庆；积恶之家，必有余殃"，在西汉末期的作品《说苑》中也有所记载。当时，这句谚语相信对于每个中国人都是耳熟能详的。在这里，我们必须注意到"家"这一单位。无论是幸与不幸，都超越了个人，体现为整个"家"的问题。那么，所谓"家"与"家族"，在当时又是一种什么状态呢？在旧中国，"家"与"家族"又呈现了哪些独特之处呢？这一点是我们先要深入了解的。

旧中国的"家"与"家族"观念

一方面，无论何时何地，"家"与"家族"都有可能存在，可以跨越历史。另一方面，不同时代、不同地区的"家"与"家族"又都形态各异，因此又可以说具有极强的历史性。日本亦然，不同时代的"家"与"家族"，具有各自不同的生态。电视上的历史剧无法体现出时代特征，看起来只不过是当代的家庭换上了古人的服装而已，不仅滑稽可笑，而且令人痛心。亲子之情、夫妇之爱，这些与当代人共通的地方当然可以不问古今，但是家庭深处隐藏的"秩序"是古与今截然不同的，这一点希望艺术家们可以完美再现。"挂羊头卖狗肉"的历史剧只会引起对于历史认识的误导。

我们言归正传，在古代中国，"家"与"家族"是怎样的呢？这一人群包含以血缘关系相连的人，还有通过婚姻制度后期加入的人。从这一定义上来说，家族成员的构造，于今天没有根本上的不同。

如果有什么不同之处，那就是各个成员之间的秩序，以及由所有成员组成的"家"与各个成员之间的关系。前者包括父子关系、夫妻关系等，与活在今天的我们人与人之间的关系相仿。后者的问题比较复杂。现实中形成"家"的一切——包括夫妇、亲子等家庭成员，以及房屋、田地等家产，甚至还包括已经故去的祖先、将来诞生的子孙。"家"的构造依靠时间轴也可以进行串联。家中的每一个成员与这样一个复杂的"家"是如何关联的，这些关联又在行为层面对个人是如何约束的，这些都属于后者思考的范畴。对于后者的解释十分烦琐，我在语言表述上可能显得有些冗长。我们所说的封建家庭制度，便在其中占有重要地位。然而不弄清楚这一点，就难以厘清旧中国的"家"与"家族"。接下来，我们就花费一定篇幅进行讨论。我想对于这类"家"与"家族"的概念下一个定义，就是"承继性构造体"。所谓"承继性"，这一说法主要指的是一个人从祖先那里继承，又传承给他的子孙，家族的延续是基于这样一种承继关系而成立的。

这里特别需要注意的是两个关键词，一个是"气"，另一个是"同居共财"。

"气"的承继

"气"的概念在中国哲学史上具有举足轻重的地位。仅仅是研究"气"的著作也极为丰富。何为"气"？何谓"气"？仅仅是讨论这两个问题，就一定需要耗费大量的时间和精力去研究，然后还要用海量文字来叙述。毕竟光是朱子学的创始者朱熹的《理气论》,其研究著作与论文的数量相信已经不下三位数。但我们在此讨论的并非形而上学的"气"，不是哲学家们在思考如何理解世界时创造的概念，而是平常百姓们也可以理解的东西，不仅如此，或许当时的每一个人都认为自己身体之中都存在这样一种"气"。我想探讨的"气"，它存在于过去人们的经验之中、生活之内。有人会问，这种"气"存在吗？我想说，每一个人的体内都存在"气"。并且，每一个"家"中也都存在"气"。那么，"气"到底指的是什么？我来举一些具体的例子进行说明。

首先，第一个例子是一个大团圆的故事，讲的是一对母子分离后又重新相遇的经历。故事出自《吕氏春秋·季秋纪·精通》。传说周朝有个叫申喜的人，与他的母亲失散多年。有一天，他听到有个乞丐在门下唱歌而感到十分悲痛，于是吩咐门人请唱歌的乞丐进来谈话，没想到交谈中发现原来这个乞丐正是他的母亲。故事之后，《吕氏春秋》中是这样加以评述的：

> 故父母之于子也，子之于父母也，一体而两分，同气而异息。若草莽之有华实也，若树木之有根心也。

"一体而两分，同气而异息"指的是家人是一分为二的身体，有着相同的"气"，但不同地呼吸着。正如申喜的故事讲述的那样，父母与子女即使相隔两地，但也会心气相通，其原因就是因为"同气"。亲子之间共有的"气"具体指的到底是什么，通过一个故事可能理解得还不够清晰。不过,需要留意的是《吕氏春秋》成书于公元前 3 世纪晚期,在当时已经清楚明白地书写了亲子"同气"这一概念。"一体而两分,同气而异息"这句话或是类似的表达方式在其后的著作中也有所显现,读者在本书中亦还会与之相遇。

第二个例子,时光飞逝到明代。明朝（1368—1644）是由明太祖洪武帝朱元璋建立的。朱元璋出身贫寒,之后走到了万人之上,在政治上也是呕心沥血,可谓一代英杰。对于他来说,最为不幸的遭遇恐怕就是白发人送黑发人,本应继承皇位的皇太子懿文太子却英年早逝。按理说,皇位由皇太子之子、朱元璋之孙继承即可。但皇孙年少,自己死后朝中老臣与皇叔们能否听命于皇孙? 朱元璋难以放下心中巨石。他的担心果然应验了。皇孙即位之后,史称建文帝。他的皇叔们,特别是燕王成了最大的不稳定因素。燕王名棣。朱元璋与马皇后生有五子,朱棣排行第四。朱棣当时拥重兵于今天的北京,对于即位时年仅 17 岁的建文帝来说,最有可能谋朝篡位,是一个心腹大患。建文帝曾问手下的大臣徐增寿,燕王会不会谋反? 徐增寿答道:燕王与先帝同气,又已享尽富贵,怎会谋反呢?

先帝指的是朱元璋,如前文所述,他与燕王朱棣是父子。徐增寿用"同气"一词表达了这层关系。值得注意的是,作为不会谋反的理由,徐增寿并没有使用代表家族关系的"父子",

明太祖朱元璋坐像图

而是用了"同气"。可见"同气"这种表达方式听起来或许比"父子"体现的关系更近，蕴含着父子异体同心的意味。

并且，在徐增寿的回答中，更值得关注的是他没有通过燕王与建文帝的叔侄关系让天子宽心，而是从先帝朱元璋的角度来进行论述的。燕王与天子的祖父"同气"，因此大可不必担心。也就是说，既然朱元璋把皇位传给了建文帝，燕王自然也会保住建文帝的皇位。所谓"同气"，大约蕴含一种共同体的意味，"同气"者之间绝不会相煎相残。其后的史实是燕王举兵造反，建文帝行踪不明，燕王即位之后成为永乐帝。与申喜的故事不同，这算是一段悲剧了。看来，"同气"有时也靠不住。

正如第二个例子显示的，父子被认为是"同气"的关系。这一认知在众多史料中都有所提及，前后跨越千年之久。例如《南史·傅亮传附傅隆传》记载，在五世纪中叶的一起杀人案件中，一个叫傅隆的人就说道：

> 父子至亲，分形同气。

父与子常被提及，母与子的例子也不在少数。《后汉书·郭陈列传》中，陈忠向皇帝送的奏折中就写道：

> 臣闻之《孝经》，始于爱亲，终于哀戚。上自天子，

下至庶人，尊卑贵贱，其义一也。夫父母于子，同气异息，一体而分。

"同气异息，一体而分"与前文引用的《吕氏春秋》中的表达如出一辙，意思是气相同而体不同，气一体而肉相分。总而言之，就是父母与子女肉体虽然不同，但因为"气"相同，因而也是一个整体。这样看来，只要是亲子关系，就必然"同气"。与父子"同气"的例子相同，《汉书·宣元六王传》中也有"母子之间，同气异息"。可以说，母子之间也是如此。按照这个逻辑推论，同父同母的兄弟姐妹们也应该"同气"才对。的确如此，《明史·奸臣传·陈瑛》便遵循了这个逻辑，其中有一句"兄弟同气"。《宋史·吕陶传》中所述"三姊皆汝同气"也与此相通。还有《旧唐书·长孙无忌传》中，唐高宗也提到"高阳公主与朕同气"。正因为高宗与高阳公主同为太宗李世民的子女，因而才有此表述。

如果将"同气"换一种说法，就是表象上不同的人分为不同的个体存在，但作为载体承载的是相同的"气"，不同载体中相同的"气"又是融会贯通的。"亲子"或"兄弟"等关系也有可能是后天形成的，只不过是规定了人与人之间关系的一种框架，并未触及每个人生存的本质。但是，"气"却不同。有"义父"，却绝不会有义"气"。"气"宿于不同躯体，但不仅仅是含于内在，还会显现在表面上或外形上。因此，前文引用的史料中虽然提到"气"相同而体不同，但这句话想表达的重点并非在"体不同"，并非想特意强调个体之间的不同之处。

"气"到底是什么？不如我们将设问倒转过来思考，可能会更好理解。也就是说，我们不执着于"气"为何物，而是看一看到底哪些事物被归结为"气"。于是，我们很容易联想到"气"会不会就是我们现在所说的遗传基因呢？即便没有遗传等生物学方面的知识，但我们很清楚，我们身边有非常多的亲子，他们的容貌与性格是如此相似。如此看来，所谓"气"，是看不见摸不着的，但是这种东西又的的确确存在，它能让我们找到血脉相连的两个人之间的相似之处，特别是外貌上的。再进一步解释，就是在我们身边本来就存在着一些从经验阅历中得来的认知，然后我们再给这种经验起一个名字，这样思考会相对更好理解。从祖祖辈辈到子子孙孙，承继"气"的只有家族成员，"气"不断被克隆，不断被再生。

再补充一句，前文引用的文献中，看似子女可以从父亲与母亲两方承继"气"，但大多数古人认为"气"是父传子的（滋贺秀三《中国家族法的原理》35～36页）。依据我们的日常经验来看，或许会感到父与子的相似之处会更多一些。女儿像父亲的情况，有时候，并不会令人感到可喜。

值得注意的是，在中国的古代典籍之中，代表生育的"生"

字似乎用于男性的情况也不少见。

> 帝颛顼高阳者，黄帝之孙而昌意之子也。……帝颛
> 顼生子曰穷蝉。（《史记·五帝本纪》）

帝颛顼是传说中五帝的第二位，无疑是一位男性。但上文中说颛顼生了一个儿子。当然，这并不意味着中国古代的男性也具有生育能力。直接生产的一定是他的某个妻子，一位女性。虽然这是文字表达上的问题，但这种表达在中国是成立的。如果说五帝还属于神话传说中的人物，有可能是例外，那就让我们看看儒家经典五经之一中的例子。这个例子出于《诗经》，是古代诗歌的总集。这首诗的确是公元前创作的，其创作时期最早可以追溯到公元前七八世纪。

> 父兮生我，母兮鞠我。

诗歌表现对比明显，内容歌颂的是生我的父亲和养我的母亲。东汉郑玄《毛诗郑笺》中解释道："父兮生我，本其气也。"其后唐代《孔颖达疏》又进一步详细解释道"（父）流气本以生我"，"（母）怀妊以养我"。生物学中的"生产"的确是通过母体完成的，但生而为人又有所成的根本，却是从父亲那里承继

《毛诗郑笺》

来的"气"。关于这一点，《诗经》及其后的注解都清楚明白地表达出来了。《诗经》原作中虽然没有明确提出"气"，但东汉及唐代的注释中却清晰地理解为"气"。由此可以看出对于"气"的认知已经延绵千年。如此看来，在中国古代普遍认为有某种东西由男子传给男子，仅仅依靠每一代的男子进行传递。相信这一点早已没有任何疑问。例如，下面这个故事就是完全基于此类认知：

　　晋升平元年，剡县陈素家富，娶妇十年，无儿。夫欲娶妾，妇祷祠神明，忽然有身。邻家小人妇亦同有，因货邻妇云："我生若男，天愿也；若是女，汝是男者，当交易之。"便共将许。邻人生男，此妇后三日生女，便交取之。素忻喜，养至十三，当祠祀，家有老婢，素见鬼，云："见府君家先人，来到门首，便住；但见一群小人来座所，食啖此祭。"父甚疑怪，便迎见鬼人至，祠时转令看，言语皆同。素便入问妇，妇惧，且说言此事。还男本家，唤女归。(《幽明录》)

自古以来就是儒家经典的《春秋左传·僖公十年》中写道："神不歆非类，民不祀非族。"古人们相信，人只能祭祀与自己血脉相连的祖先，而亡故的祖先们的魂灵也只会接受与自己血脉相连的子孙的供物。补充一句，古人认为，死者的灵魂是依靠子孙的供物才能在另一个世界"活"下去的。不过，女子在这方面是起不到任何作用的，这是男子的特权。陈素的妻子去求邻居把自己生下来的女儿换走，可这样实际上也行不通。因为那时候人们认为祖先的魂灵只能够接受与自己血脉相连的子孙的供品，因此邻家被调包来的男孩是无法给陈家的祖先上供的。如果不是陈素或陈素的亲生儿子，陈家的祖先是无法吃到供物的。反过来说，供桌上是邻居家亲生儿子摆好的供物，因而邻家的祖先的魂灵都纷纷过来取食了。这一场景竟然被"老婢"和"见鬼人"看了个正着。即便这个故事并不属实，但这个故事成立的前提条件必须是在现实中存在的。如若不然，《幽明录》的作者既想不出这个故事，读者们看了之后也会一头雾水。从这个故事中我们可以看出，只有男子才能祭祀祖先，并且这个男子必须是沿袭了祖先血脉的人。

再补充一点，在实现近代化的过程中，"家父长制"作为"封建遗制"的组成部分受到了批判。"家父长制"强调家庭中父亲具有绝对权威，妻子与子女需要无条件服从，这一制度被渲染为旧时代过时的制度，因此成了推翻和批判的对象。但最新研究表明，所谓"家父长制"，并非只是为了确立父亲在家庭中的专制统治才存在的，这一观点已经在近期成为主流。的确，即便是身为一家之父，也不是可以随心所欲的。比如分割家产等问题就不能独断专行。具体情况，在此就不深入探讨了。但是，在古代，为什么父亲会拥有如此强大的权威性呢？恐怕这与我们一起梳理过来的"气"有密不可分的关系，毕竟，父亲是家族中"气"的传承者，因此可以认为具有不同寻常的地位。

如果，父亲的权威只因为他是家庭最主要的收入来源，那么其他成员不是也有可能替代他吗？

综上所述，我们对于第一个关键词"气"进行了粗略的梳理。不过，在中国哲学史里，"气"是极其重要的概念。朱子学的"理气二元论"，是在日本的高中历史和伦理课上也会学到的概念。在哲学领域，"气"的概念已经极为宏大。不仅如此，它还蕴含着很多其他因素，着实复杂。我们梳理的"气"，只不过为了理解亲子之间、兄弟之间的"同气"而已。

同居共财

接下来，我们一起看看第二个关键词——同居共财。用一句话概括，同居共财指的是家族生活的一种形态。这个词我们听之甚少，滋贺秀三做过相关领域的详细研究，我们先来通过他下的定义来尝试理解。

> 所谓同居共财，指的是覆盖收入、消费及持有资产等所有领域的共同计算关系。即各成员的劳动所得和共同资产的收益全部作为家庭收入，各成员在生活中的方方面面（死者的祭葬也作为其中的重要组成部分）的花销全部作为家庭支出，如有盈余则作为共同财产储存，如有不足则消耗财产保证存续。同居共财就是这样一种维持共同经营的一种关系。（滋贺秀三《中国家族法的原理》75 页）

这一表达或许有些难以理解。用简明的例子进一步阐释的话，就是每家只有一个钱包，所有人赚的钱都要放到这个钱包里。用的时候也从这里拿，不允许有私房钱。滋贺秀三想要强调的是，尽管钱包只有一个，但是并不意味着每一个家庭成员对这个钱包的所有权是相同的，并且不能随意使用。也就是说，除了衣食住行等基本需求以外，不允许家庭成员随意支配财产用来消费。

全家人的衣食住行都从一个钱包支出，这一点在今天也不难理解，类似于全家只有父亲一人出门工作，要养活全家。但是，假如全家不止一个人工作，每个人不能拥有自己的钱包，挣的所有钱都要放到共同钱包里；不仅如此，自己挣到的那一份还不允许自由支配，对于这一点，现代人就很难理解了。为什么难以理解呢？其根源在于在家庭形态和家族关系上古今已经截然不同了。当今时代，即便是亲子关系，法律面前也是以个人而非家庭为单位。两代人分散在不同地方居住，各自有各自的家庭也是司空见惯的事情。在古代中国，一家人理所应当要共同居住，除了衣服以外，必须要同食、同住，"同居共财"的制度就是建立在这样一种生活状态之上的。哪一个成员花天酒地，全家都会陷入贫困危机。哪一个成员独自得道升天，全家关系就会出现裂痕。前文提到过"气"，"同气"的家人要共同生活走完一生，自己从父辈那里继承的全部都要原封不动地转交给子辈——同居共财便是保障这样一种形态的"规矩"。它并不是一种由谁硬性规定的制度，而是一种自古以来约定俗成的规矩。

"规矩"这个词在《黄土地》《老井》《秋菊打官司》等农村题材的中国电影中时常出现。电影中的主人公有时会被"规矩"

制约行为上的自由，有时甚至会让自己处于进退维谷的境地。

多代人同居的样貌

家族同居、几代同堂在旧中国被当作幸福的象征。北魏时代的许绚曾经全家和睦，祖孙三代同堂。《魏书·许绚》中就记载他受到过朝廷重臣的赞扬："三世同居。吏部尚书李神儁常称其家风。"既然三世同居会受到赞扬，反过来说在那时三世同居应该并不寻常。当然，也不是说其他家庭都是天天鸡飞蛋打、时时妻离子散，应该是诸多家庭由于疾病等原因而缺失某一代人。这类几代同堂的情况，被朝廷当作理想家庭的典范而加以旌表。同时，作为嘉奖，在税负上还有所减免。这种现实性的利益驱动，也从另一个侧面彰显出维持几代人同居的大家族的不易之处。《宋史·孝义传》中就记有不少几代人同居的例子。其中人数之众，格外使人侧目。

许祚，江州德化人。八世同居，长幼七百八十一口。太平兴国七年，旌其门闾。淳化二年，本州言祚家春夏常乏食，诏岁贷米千斛。

上文称许祚八世同居，如果一代算二十年，八代跨度就会长达一百六十年。因此，所谓八世，并非直系八代。原文中"八世"的"世"当然也不可能是一代人的意思。一代将近一百人，也太难以想象了。另外，如果仅仅是八世同堂，也没有什么值得赞誉的地方，也没有理由特意被选入《孝义传》。下面还有一个例子，同样是宋代的，主人公名叫陈昉，他家竟然十三世同居。

> 昉家十三世同居，长幼七百口，不畜仆妾，上下姻睦，人无间言。每食，必群坐广堂，未成人者别为一席。有犬百余，亦置一槽共食，一犬不至，群犬亦皆不食。建书楼于别墅，延四方之士，肄业者多依焉。乡里率化，争讼稀少。开宝初，平江南，知州张齐上请仍旧免其徭役，从之。

竟然真的在史料上出现了"十三世同居"。如果真的是直系十三代，那么最上面一代一定已经是老神仙了。我所查阅的最高纪录是宋代的裴承询，他家据说曾经十九世同居（《五杂组》卷十四）。这类"囗世同居"到底如何理解，目前并没有一个明确的答案。不过，《明史·孝义传·郑濂》中有这样的记载："累世同居，几三百年。"表述上用的也是"囗世同居"的形式，但这里的意思代表的不是几代人同时居住，而是在三百年之间，这一家族持续保持同居状态，从未分散过。另外，宋人蔡绦《铁围山丛谈》记有"河东姚氏十三世不析居，累代旌表义门"。（转引自赵翼《陔余丛考》卷三十九、累世同居）文中没有使用"十三世同居"，而是"十三世不析居"，意思就是今天我们所说的"不分家"。也就是说，"□世同居"指的是在这期间没有分过家，也没有一个人离开家族生活，这样理解看来合乎情理了。十三世同居也好，令人诧异的十九世同居也罢，如果是保持没有分家的状态，理论上也就没有什么可疑之处了。话虽如此，那么陈昉家就会同时有七百位家庭成员共同生活。曾经在电视节目中也介绍过中国南方的"客家围楼"，整个家族的人建造一幢巨大的集体住宅，全家人都可以分配到自己的房间，所有人一起居住，同时生活的人数真的可以以百人为单位计算。不难想象这样一幅场景：陈家即使没有集体住宅，但是通过结婚生子等形式使家族规模扩大，并且所有人都在一处生活。另外，前文提到的"气"也可以成为一种媒介，覆盖到整个宗族。关于这一点，上田信在《传统中国》（第二章、如何由亲子关系产生宗族）中举例进行了详述。

还有一点可以轻易想到。几代同居的家庭必然会形成规模庞大的家族，这毋庸置疑，大家族共同居住的话，每一代人所占有的土地面积将会越来越小，换句话说，每个人的生活条件将会不断恶化。许祚的故事中也提到"春夏常乏食，诏岁贷米千斛"，因此应该不难理解。不过，从"孝"道的观点来看，几世同堂是值得鼓励的，因此朝廷才予以表彰。前文引用了宋代

土楼　　位于福建省永定区的土楼。一般为三四层建筑，内部有一百多个房间用于居住。大型土楼可以容纳 600～700 人。(出处：刘炜主编，王莉著《中华文明传真 (9) 明》，商务印书馆，2004 年)

的例子，到了明代，状况也没有发生任何变化。《明史·孝义传》和《宋史·孝义传》相同，也列举了很多几代同堂的例子。

　　　其同居敦睦者，则有洪武时龙游夏文昭，四世同居。成化间，霸州秦贵，建德何永敬，蒲圻李玘，句容戴睿，饶阳耿宽，俱七世同居……

文献中后续还有诸多人家，相信以上引用已经足够。尽管几代同堂被当作典范称道，但现实生活中那么多人一起生活，一定会遇到不少难题。据说在公元七世纪，唐代的张公艺因九代同居被当时的天子高宗褒奖，当高宗询问持家之道时，张公艺在纸上连写了一百多个"忍"字，高宗看后为之落泪（《旧唐书·孝友传·张公艺传》）。的确如此，笔者也甚是同感。前文引的郑濂也是如此，当明太祖洪武帝问到他治家长久之道时，他对曰："谨守祖训, 不听妇言。"（《明史·孝义传·郑濂传》）据说太祖对这一回答连连"称善""不听妇言"指的并非忽视女性，放到今天，意思大约是说不要听小区里爱张家长李家短的大姐们发牢骚。

从前文可以清晰感受到共同居住的家人之间，是依靠强力的纽带连为一体的。关于这一点，不只是每一位家庭成员本人如此认为，在法律制度上也是有所体现的。《唐律疏义》卷六及对其加以承袭的《明史·刑法志》中都涉及这样一个规定，就是如果一个人知晓共同居住的家人犯罪的事实，即使不去告发也不会被问罪。这种行为本身当然是一种包庇，但只因为罪犯与知情人是亲属，因此可以不被问罪。但是，也不能因此就肆无忌惮，纸肯定是包不住火的，如果罪行大白于天下，共同居住的家庭成员还是会受到制裁，那被称为"缘坐"。

缘坐的构想

如前所述，古代中国呈现的家族样貌，与今天截然不同。

无论是对于显于外而藏于内的"同气"的认同，还是同居共财的生活形态，可以说在当今中国都已经无影无踪。而在旧中国，各式各样的生活习惯、价值观，甚至包含法律和制度，都以这些为前提才得以成立。因此，只要深知该背景，今天的我们看来有些不合常理的事情，也可以明白这在当时也是有充分的理由为人们所接受的。

缘坐就是其中的一种。与缘坐相近的词语有"连坐"，或许连坐对我们来说更熟悉一些。然而"缘坐"与"连坐"这两个词的意思其实不尽相同。例如将百姓分为五人或十人一组，将相邻的人组织起来，如果其中一人有了犯罪行为，那么组内其他成员也要担负连带责任，不只是犯罪者本人，其他组内人也要受到惩罚，这种情形被称为连坐。在唐律之中，为了加强统治，官员之间也具有连带责任，用的也是"连坐"一词。另一方面，缘坐指的是犯罪者及与之有血缘关系的人受罚的情况。在此我考察的是后者——缘坐。

在我们今人眼中，缘坐制度是如此冷酷无情，如此不合常理。家族中一人犯罪，有可能其他所有人都要处以极刑。可是，我们已经梳理了古代中国对于家族的认知，或许已经可以接受缘坐这一构想了。有人可能会说，犯罪的只不过是家族中的某个特定成员，但特定成员绝对无法与其他成员割离而单独存在。从"气"的角度来看，家族就是一个被克隆的集体，无论是亲子还是兄弟，都因"同气"而被紧密相连。而在衣食住行上又必然与共，因此相互监督相互教导也成为常态，家人之间显然具有清晰的连带责任。因此，个人犯罪不被看作个人责任，而是个人所在的家庭整体要承担全部责任。不过，缘坐适用的是谋反等社会性重大犯罪。对于这类绝对不可饶恕的罪行，必然要满门抄斩，彻底根除整个家族的"气"。这样想来，也不是不能理解了。当然，很多人在犯罪之前都会想到，会不会牵连到家人？这种警示作用的意义也是十分重要的，可以提前预防犯罪。

中国的古人们也十分清楚缘坐的冷酷之处。明太祖朱元璋就是一个对官员极为严苛的人，他坚决实施铁血统治，刑罚之重，令人不禁胆寒。朱元璋在洪武元年即位时颁布的诏书中写道："自今除大逆不道，毋连坐。"(《明史·太祖本纪》)连坐一词有前文介绍的官员相互具有连带责任的意思，在这里针对的是"大逆不道"，因此适用的对象当然不仅限于官员，意思应与缘坐相同。朱元璋之后的第三代，永乐帝之后的仁宗于洪熙元年颁布的诏书中也写有："非谋反。勿连坐亲属。"(《明史·仁宗本纪》)对于仁宗诏书的这句话，《明史·刑法志》中进行了略为详细的阐述："除谋反及大逆者，余犯止坐本身，毋一切用连坐法。"这里虽然用了连坐，但其意思也与缘坐相同。以上文献的大意是除颠覆国家等罪不可恕的行为以外，其余罪行均不适用于连坐。从这里也可以看出连坐是怎样严酷的刑罚，统治者认为也不是随随便便就可以使用的。不过，历朝历代也没有从根本上否定连坐之刑。

提到酷刑，古代还有肉刑，包括劓（割鼻）、刖（斩足）等去除部分肉体的刑罚。肉刑在西汉文帝十三年（公元前167年）得以废止。文帝诏书中写道："夫刑至断支休，刻肌肤，终身不息，何其刑之痛而不德也！"（《汉书·刑法志》）由于过于残忍，结果又会导致身体无法复原，肉刑本身的意义被得以重新审视，因此最终流于废止。在其后的中国，虽然有过数次请愿，要求恢复肉刑，但原则上还是没有通过。

与肉刑的废除相比，从明代两朝皇帝的诏书中我们可以看到，（缘坐）这种刑罚的形式本身并没有从根本上加以否认。至少没有将连坐（缘坐）视为不合常理的刑罚，这一点值得关注。正因为家中之人既是"同气"，又要"同居共财"，因此必然会被当作一个整体，因此自古才接受缘坐这样一种刑罚的方式。如此看来，缘坐具有深厚的历史背景，在今天的日本是绝对不可能成立的。今天的欧美各国也必然如此，即便在今天的中国也是同样无法接受的。

再补充一句，如果我们可以理解缘坐这一构想是一种反映古代中国家族样貌的产物，那我们也应该可以推论出，所有刑罚的基础，都是建立在它所诞生的地区、时代的常理之上的。

例如，在古代中国执行死刑有几种方式。最为残酷的当属将身上的肉一刀一刀割下来的"凌迟处死"。丧命之前就被割成百上千刀，痛苦之极难以想象。史料中还有照片，可谓惨绝人寰。其他还有用斧钺将腰部以下砍掉的"腰斩"，砍掉头部的"斩首"，左右发力绞断喉咙的"绞刑"等。使用哪种方式夺去犯人的性命，要视罪行的轻重而定。"斩"与"绞"相比，"斩"重"绞"轻。轻重并非看执行时的痛苦程度，"绞"后还能留有全尸，而"斩"后头与四肢就分离了，因此二者有着巨大的差异。从保全五体的角度来看，"斩"的确令人难以接受。并且古人相信，斩首后就无法转世复生了。如果能保全尸体，至少还留有二十年后又是一条好汉的希望。

因此，尸体的形态以及处理方式也是刑罚的组成部分。如果被判最为严苛的凌迟处死，连埋葬也是不被允许的。最后尸体要被烧为灰烬，任由风吹四散。这种构想源自强烈的复仇思想，意图让犯罪者在今生来世都无处现形。处罚不光包括生前，还有死后。看到这里，我们不得不认认真真地思考，到底人应该如何生？如何活？这类刑罚可以说体现了反人道者不可复生为人的道德与思想，因此很难用一句"残酷血腥"来妄加评说。当今世界，我们的法律制度全部是以现实为基础起草的，当然这是十分正确的，但似乎缺失了对于人的存在意义中最重要的部分。从结论上来说，现代人看似理性，但对于死后的世界却一无所知了。当然，我们对于死后的世界或许持有恐惧。生前的某些东西或许实际上也可以带到另一个世界，但我们依然一片茫然。关于死后的认知，今人与古人也只能打个平手。古代的王侯将相，为什么会在自己的墓穴中安放那么多的金银财宝呢？而我们却孑然一身迎接来世，对于死后的世界，我们现代人早已失去了想象力。近些年，死刑逐渐被废除。有人提出过这样的理由吗？死后的世界已经不应该反映到法律制度之中。不过，要是世界各国的死刑都因为一个理由而被废除，那才应该感到不可思议。因为不同区域、不同宗教的生死观是全然不同的。在"盂兰盆会"和"彼岸"扫墓的时候，我们会供上死者生前喜欢的美酒和香烟，这在日本是司空见惯的事情。这种行为之中体现的死者与生者之间的羁绊，很难说是对是错，是善是恶，是合理还是不合理。前文谈及的凌迟处死，我们当然不能鼓励期待看到恐怖场景的猎奇心理，也不能只是从施虐行为的角度去关注。特别是我们不能把这些简单地归结为所谓"民族性"，这与人情事物的本质是相背离的。我们必须基于特定地区和特定时代的身体认知和生死认知去考量。

　　总之，家族这一群体的存在方式及存在意义是千差万别的，通过第一章我们首先理解到了与我们今人的不同之处。下一章我们将围绕古代中国人是如何经营日常生活的这一主题进行探讨。其中最为主要的一个课题，就是家族中的秩序。父子关系、夫妻关系等，我们会在下一章探索这些人际关系的存在方式。区域与时代的巨大影响，依然会体现在不同差异之中。

第二章
制度化家族的存在形式

极其复杂的服丧制度

在本章中，我们一起梳理一下家族之中的人际关系。提到家庭成员之间的关系，现代也有各式各样的家庭，有的一家和睦，有的被暴力支配，生活在恐怖的氛围之中，这些都是家之常情。古代中国也是如此，翻一翻史书，就会发现有的几世同堂的家庭也能和睦相处，有的家庭却因为一家之长残暴无度而令人惋惜。不过，史书上对于和睦家庭总会大书特书，不吝溢美之词。这倒也可以看出，此类家庭一定是少数。与今天相比，好像也没有什么两样。不过，无论家庭的和睦程度如何，当有家人亡故时，各家举办葬礼和服丧的体系却是遵守着相同的原则。这种原则基于"礼"的思想，在众多经典中都有所记载。无论哪个家庭，都要严格遵守执行，并且这种执行是强制性的。本章的主要目的是探究家族关系，可能读者会觉得奇怪，怎么会贸然从葬礼说起呢？因为葬礼正是凝缩了家人关系的一种形式，所以我们一起探讨，当一位家人去世后，家族中人是如何服丧的。

关于服丧，儒家经典《仪礼》中有详细的记载。服丧制度包括服丧的服装和服丧期这两项，其中又有各种各样的区别，每一种都带有自己的特征。服装一般称为丧服，分为斩衰、齐衰、大功、小功、缌麻这五种。五种丧服的材质与缝制方法各不相同。服丧期按照时间长短又分为三年、九个月、七个月、五个月、三个月等。丧服的种类与服丧期间的长短有密不可分的关系，死者家人不能随意决定，要依据死者与家属之间的关系进行选择。下面我们就简要看看五种丧服。不过，基于本章的主题，对于最为重要的斩衰必须详加阐述。

最为重量级的斩衰

（1）斩衰读作 zhǎn cuī，全名为斩衰裳。衰为丧服的上半部分，裳为下半部分。斩的意思是将布料裁剪后不进行缝制，目的是显示不加以修饰及整理。据说斩字还体现出悲痛之情，仿佛身着丧服的人也身如刀割一般。丧服与日常服饰截然不同，要在视觉上表现出失去亲人的悲思。腰上系的是粗糙的麻绳，帽带用的也是同一种绳子，鞋是用蓑衣草编的草鞋。

斩衰粗糙简朴之至，令人难以置信。其内涵是为显示哀痛之至，不忍修饰。除丧服以外，还要手持竹杖。用竹也有一定的含义。斩衰是父亲的葬礼上儿子的穿戴，中国自古父为子天，竹子是圆筒构造，其形似天，据说因此要使用竹杖。还有一个理由，竹子内外有节，使用竹杖，还可以象征子为父通节。关于第二个理由，我也未能完全理解。还有竹子在一年四季之中

方领

辟领　　　　　辟领　　斩衰前
袪尺二寸

衰覆掩　二寸　　属幅

衣带下尺

裳前三幅幅三衶

裁剪图纸

（三礼义疏）

辟领　　　　　辟领　　斩衰后

负版外削

裳后四幅　幅三衶

（三礼义疏）

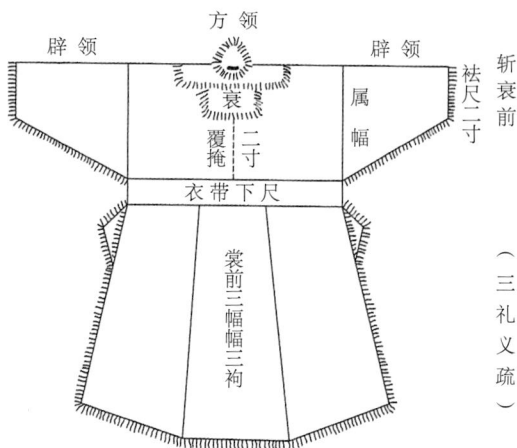

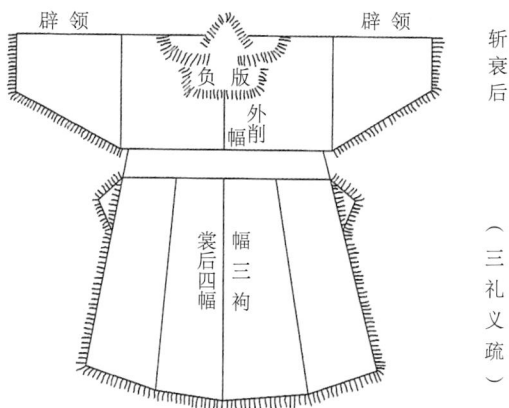

斩衰　衣服分为前后两片，的确极为简朴。（出处:《礼记图》）

都不会发生变化，因此也寓意对于亲人的悼念之情经过春夏秋冬也不会减去分毫。只能说含义之深刻令人油然生出一股敬意。

用意之深，其目的都是为了表达悲痛之切。但看看丧服的形式，又会令人有过于异常之感。反过来说，对于这些形式上的东西，是否过于花费心思了？如果真的是伤心欲绝，哪会有精力去考虑这么多服装上的讲究！读者可能会嘲讽上两句。不过，正因为是非同寻常，平时不会用到，所以才会如此大费周章。

按照规定，斩衰的服丧期是三年，就是所谓的三年之丧。不过，关于三年的长度也是众说纷纭。这里所说的三年，可能不是三十六个月，而是一个约数。有人说是二十五个月，也有人说是二十七个月。孔子在《论语·阳货篇》道"子生三年，然后免于父母之怀"，这便是服丧三年的一个依据。如果是这样，三年只是一个大致的期间。如果像房租一样严格按月交付，那实在有些不近人情了。私以为二十五个月和二十七个月的说法都有些奇怪。毕竟在这三年服丧期间，生活上会有各种各样的限制，其实是非常严苛的。

首先，饮食要极为粗简。早晚餐只能用一把米熬成粥喝，酒肉当然不能入口。还要建造一座名为"倚庐"的简易小屋，就寝时以土块为枕，以草席为榻。在平时的卧室之中高枕无忧、鼾声震天是绝不被允许的。据传这样做是为了哀思眠于草下、居于土中的亲人。好在饮食和居住方面的限制只是服丧的初期，三个月之后就可以有所缓和。不这样的话，身体一定会吃不消。如果赶上冬季，还容易染上疾病。关于晋代的陈寿（233—297），就有这样一个传闻。

　　遭父丧，有疾，使婢丸药，客往见之，乡党以为贬议。（《晋书·陈寿传》）

　　陈寿因其所著《三国志》而闻名于世。他在服丧期间，因生病便让婢女调制药剂。这一行为有两点问题。第一点是服药。乡人认为，陈寿治疗自己的疾病是出于对自己身体的担忧，但也意味着他因父亲的死而感受到的悲伤不够痛彻，因此才责难他。大意是如果你真的处于丧父的极端悲痛之中，又怎么会顾得上自己的身体呢？第二点问题是与异性的接触。尽管是自家的婢女，事由又是为了治病，但服丧期间，是严禁与女性有任何接触的。陈寿在他母亲过世之后，又因为出了问题而导致声名扫地。陈母去世前留下遗言，希望死后葬于洛阳。陈寿遵母命，将母亲的遗体葬在了洛阳。可是乡人又谴责陈寿没有把他母亲葬在家乡，因此导致恶评。虽然不清楚陈母为什么不想长眠故乡而葬于洛阳，但陈寿明明遵照母亲的遗言，守了孝道，却还是被旁人横加指责，有损清誉，实在可怜可叹。

　　既然让异性送药都非善事，不用说其他接触就更不被允许了。因此，如果服丧期间举行婚礼或是订婚，就是大忌中的大忌。唐代的律法之中规定，要"徒三年"，也就是要处以服役三年的判罚。另外，服丧期间还不能生子，违者也会施以严刑，这一罪行被称为"服中生子"。不过，丧期在妊娠以后的不被问罪。如果明显是在服丧期间怀孕的，唐律规定要"徒一年"，也就是监禁一年。因此，为了逃避刑罚，很多丧期出生的婴孩都被偷偷埋到野外了。

所谓服丧，并非身处简陋的环境之中就可以了，每天还不能无所事事。从早到晚，从昼到夜，必须要痛哭不止。亲人离世，当然会悲极而泣。但是按照要求，不能抽抽泣泣，不能默默流泪，必须要大哭大喊，高声号啕。这才能算是"哭"。他人一定要听得到，邻人也一定要听得清。其意正是在此，必须为了他人听到而"哭"。这可需要一定的体力，另外还有这样一则故事告诉我们，"哭"还要真情实感地"哭"。

郑子产晨出，过东匠之间，闻妇人之哭，抚其御之手而听之。有间，遣吏执而问之，则手绞其夫者也。异日，其御问曰："夫子何以知之？"子产曰："其声惧。凡人于其亲爱也，始病而忧，临死而惧，已死而哀。今哭已死，不哀而惧，是以知其有奸也。"

子产是春秋战国时期的著名宰相，故事讲的是他明察秋毫的逸闻。

子产或许真的看破了真相，但对于今天的我们来说，油然而生的可能并非钦佩之情，而是可怖之念。当然，这则故事也很有可能出自杜撰。另外，"哭"不仅限于斩衰，下面介绍的四种服丧也一样要实行。

如前所述，斩衰是最为重量级的服丧。不过，这是一种极为特殊的形式，并不是哪个亲人去世了都要遵从的，只有对最为尊崇的人才使用斩衰。何人最为尊崇呢？当然，这原本是一个价值判断的问题，仁者见仁，智者见智。但在这里当然不能任由个人去自由决定，是有严密的规定的。《仪礼·丧服》中列举了十种情况。全部引用的话过于复杂，除君臣以外，在此仅就家庭中的典型案例加以介绍。那就是子服父丧、妻服夫丧的时候，要用斩衰。家族之中，这两种关系可以说最为亲密，并且死者的位置也最为尊崇。关于斩衰已经介绍颇多，此处就告一段落。接下来，我们看一看其他四类服丧。

齐衰、大功、小功、缌麻

（2）齐衰读作 zī cuī，全称为疏衰裳齐，指的是粗布做料，衣裳得以缝制。前文介绍的斩衰过于粗糙，似乎脱离了服装的范畴。与之相比，齐衰更接近了衣服的形态。帽带与腰带也由麻绳改为布绳，大约鞋子也会更好一些。齐衰的杖也以桐木制成，体现出的悲伤之情比斩衰略轻一些。

齐衰又细分为齐衰三年、齐衰杖期、齐衰不杖期、齐衰三月等。这四小类排序是由重及轻。齐衰三年指的是亡父之后亡母的情况。如果父亲在世，则缩短为一年。齐衰杖期与齐衰不杖期的区别在于是否使用桐杖，后者也比前者的鞋更好一些。前者是父亲在世时母亲亡故或者妻子亡故时的情况，后者是祖父母、伯父母、叔父母亡故时使用的。齐衰三月一般适用于君臣之间，此类例子较多。家族之中一般用于曾祖父母去世时。

（3）大功全称为大功布衰裳。丧服用粗麻布制成，适用于子女或婆婆、姐妹亡故时。服丧期分为九个月和七个月。

（4）小功全称为小功布衰裳。与大功相比，丧服使用的布料为细布。适用于父亲的从堂（表）兄弟（姐妹）或祖父的堂（表）兄弟（姐妹）亡故时。服丧期为五个月。

（5）缌麻中的"缌"同"丝"，丧服用细熟麻布做成，适用于祖父的从堂（表）兄弟（姐妹）或曾祖父的堂（表）兄弟（姐妹），以及同族祖父母辈或曾祖父母辈的人亡故时。到了这一层，可能谁都很难说清楚到底有关系还是没关系了。服丧期是三个月。

以上对于斩衰以外的齐衰、大功、小功、缌麻进行了简要说明。斩衰这一项长篇累牍，而其余四项却没有占用多少篇幅。

因为斩衰是服丧思想中最为典型，也是最为形神兼具的代表，便进行了举例说明。总而言之，这五类是关系由近到远，服丧的仪礼也是由繁到简，丧服也是逐渐接近日常服饰，我们理解了这一规律便可。

附加一句，以上五类实则省略了大部分内容，服丧的方式是以家族关系的远近为准绳的。因此，对于家人的称呼，其细致程度是日本所不能及的。特别是要严密区分开是父亲一方的亲戚还是母亲一方的亲戚。在日本，无论是父亲还是母亲的兄弟，我们都称为"叔叔"。但是在中国，父亲的兄弟要称为"伯父""叔父"，他们的妻子称为"伯母""叔母"。母亲的兄弟称为"舅舅"，母亲的姐妹称为"从母（姨母）"，母亲的父母称为外祖父母。日本的"甥"和"侄"的表述也与中国不同。在中国兄弟的子女称为侄子、侄女，姐妹的子女称为外甥和外甥女。如果称呼不正确，会被看作不懂礼数、扰乱秩序而受到苛责。自己在家族中的位置，见到族人应该如何称呼，这些必须要烂熟于心。这些细致的家族排序，也成了服丧制度的基础。

皇帝也非例外

这类重大的仪礼，对于天子来说也没有例外。当然，皇帝不可能三年荒废朝政，一心专注于服丧。但必须要以某种形式展现出来。如若不然，朝政都有可能出现混乱。让我们看一些实例。南宋初期的皇位是按照以下顺序继承的：

高宗　生卒年 1107—1187　在位期间 1127—1162

孝宗　生卒年 1127—1194　在位期间 1162—1189

光宗　生卒年 1147—1200　在位期间 1189—1194

宁宗　生卒年 1168—1224　在位期间 1194—1224

从高宗到光宗，三位皇帝有一个共通之处。我有意将生卒年和在位期间都列举出来，相信读者已经有所觉察。也就是说，这三位皇帝都是在生前便将皇位内禅给了继承人。在日本，禅位的皇帝被称为"上皇"。在中国，其实十分罕见。据赵翼《廿二史札记》（卷十三、太上皇）记载，中国历史上共有十四位太上皇。赵翼是清朝人，加上清代的乾隆帝，历史上的太上皇共十五位。计算方法可能有些差异，但是中国历史上皇帝的数量无疑超过了三百人，而太上皇仅仅占了大约百分之五。高宗早年丧子，传位的孝宗是北宋开国皇帝太祖赵匡胤的直系子孙，因此被高宗选为继承人。孝宗即位后，高宗成为太上皇。为何要在生前禅让给孝宗？这一点不得而知，但高宗应该是希望可以充当后盾，扶持孝宗当政。高宗与孝宗的皇位传承十分顺利，但孝宗到光宗就未必如此了。因为光宗是个昏君，并且对于皇后的话言听计从。孝宗退位后居于重华宫，问题就出在孝宗驾崩之后。孝宗尊号为寿皇圣帝，在生前与光宗的关系就已经长期失和。大臣们再三恳求，光宗也不愿踏进重华宫一步，这也引起了宫中多方势力的博弈。问题不光出在光宗身上，皇后李氏也不是省油的灯。李氏性格倔强、嫉贤妒能，对孝宗一直心存芥蒂。当光宗终于打算前往重华宫探望太上皇时，李氏竟然加以阻拦。孝宗临终之际，按理说光宗与皇后应当尽快赶到病榻旁。但这两人双双称病，未能到场见上最后一面。这件事就成了被国人谴责的对象。其后光宗一直称病，再三推托，不为孝宗执丧，就连宰相留正都难以忍受，辞官逃离相府。

这件事史称过宫风波，当时力谏光宗的还有朱熹。朱熹是朱子学的创始人，其后不光在中国，他的思想还对朝鲜半岛和日本产生了巨大影响。那时的朱熹不过是一介地方官，但对光宗的谏言之中，言辞已然非常激烈。然而光宗对大臣们的建议毫不采纳。对于内臣的带泪请愿、百官的长跪不起、来自全国方方面面的压力，光宗均视而不见。在这个问题上，他倒是显得格外坚持己见。最终，太皇太后、孝宗之母下命，光宗因病不能执丧，将皇位禅让于宁宗，光宗为太上皇，这一风波才最终得以平息。

《宋史·光宗本纪》文后赞曰："及夫宫闱妒悍，内不能制，惊忧致疾。自是政治日昏，孝养日怠，而乾、淳之业衰焉。"这一评论，也算是合情合理了。光宗在处理朝政上其实并没有太过昏庸，他最大的过错还是与其父孝宗之间的不和，临终不去问疾，驾崩后未曾服丧。这些是导致他被评价为昏君的根本缘由。即便是皇帝，或者说正因为是皇帝，在服丧这个问题上才必须谨慎行事，以达到遵守孝道的垂范效果。

"哀悼之心"的制度化

如前所述，我们从古代中国的丧服及服丧过程之中，可以清楚找到其中所蕴含的思想与原则。

第一条，是与家庭状况及个人情感无关，服丧时应该也必须是最为悲痛的时候。这里的服丧指的是子女失去父亲，妻子失去丈夫时。即使父亲在生前多么肆意妄为、性格残暴，即使在子女心中性格温和的母亲才是真正敬爱的人，这些对服丧制度都没有任何影响。父亲亡故后的服丧是最为重要的。为何是父亲？如果从上一章我们梳理的"气"去思考，也就不难理解了。在古人认知之中，一个人的存在，一个人的形态，可以存于世间，都是因为"气"的作用。"气"由祖先代代传承于男子体内，儿子的"气"是由父亲直接传递的，因此父亲是最为值得尊崇的，这些自不待言。还有一个理由，作为养育全家的顶梁柱，父亲的重要性也不言而喻。

第二条，是既然人生中最为悲痛的时刻已经确定，那么其他的状况也就可以依据关系远近，排列出悲痛程度的轻重次序了。母比父轻，祖父母比母轻，兄弟姐妹自不必说，早逝的子女地位也低。排序严格依据血缘关系的远近和家族地位的高低来判定，宛然是将人类情感用机械性的计算来进行衡量，理论上的确显得逻辑性很强，但是却令人感到依然存在不合常理的地方。

第三条，是要将悲伤的悼念之情进行可视化展示。一个人服的是什么级别的丧，要用丧服的布料，是否缝制，腰带、鞋的材质，是否挂杖这些肉眼可见的物品来清晰体现，通过这些手段赋予悲痛及哀悼以外衣。要说丧服为什么要采用粗糙简朴的形式，当然是为了体现服丧的不同寻常之处。但是，其根本目的是为了体现由于过度悲伤而根本无心去关注衣着。饮食就简也是为了表现出吃什么都吃不下。挂杖是为了告诉别人伤心伤到自己已然无法站立。总而言之，就是必须在方方面面体现出悲痛之情、悼念之感，日常的衣食坐卧都无法正常进行，并且这些都要清晰体现在服装与行为之中。而这一切，都在《孝经》之中有明确的记载，后文还会详述。

这一系列的具体做法，在《礼记》和《仪礼》中也有明确规定，因此具有了强制性。作为圣人先贤制定的典范，又怎么能不去遵守呢！至少，也很难找到什么忤逆圣人而不去实施的理由。诚然，也不是谁都亲眼看过《礼记》和《仪礼》，因此我们也可以理解为服丧的具体步骤并非全部是由这些儒家经典

《礼记图》

制定出来的，而是这些经典依照当时已经存在的具体情况而加以理论化、体系化的结果。举行葬礼时，有左邻右舍一起参加，他们同时还起到监视者的作用。他们会左看右看，看葬礼是否符合先人定下的规矩，看规模是否有损故人应有的声誉，然后再品头论足。

家族中地位的高低、感情的亲疏，都是基于家族存续的角度来进行明确定位的，并非是最为本初的人类情感。家族中存在的感情是上下有别、长幼有序的感情。亲人过世，情感上其实很难控制。即便如此，也要加以规制，建立制度，并且受到周围人的监督。对于父母的爱，对于家庭的情感，每家每户的情况都是不尽相同的，但问题是要将千差万别的情感用同一条准则强行排序，这大约也是我们现代人无法接受的地方。父亲、母亲、妻子、儿女，哪一个离开自己都同样是悲痛欲绝的时候，又如何能够按照规则将痛苦排序呢！这一点便是最不合常理之处。我们来看一个丧妻之痛的故事。

> 荀奉倩与妇至笃，冬月妇病热，乃出中庭自取冷，还以身熨之。妇亡，奉倩后少时亦卒。以是获讥于世。奉倩曰："妇人德不足称，当以色为主。"裴令闻之曰："此乃是兴到之事，非盛德言，冀后人未昧此语。"（《世说新语·惑溺》）

妻子生病发高烧，时值冬日，三国时期魏国的荀粲竟然到院子里让自己的身体降温后再帮妻子冷敷降温。可以说，荀粲是发自内心爱着自己妻子的。他不顾自己的身体，一心关注妻子的病情，才会做出这些举动。他的妻子最终与世长辞，他也日渐憔悴，难以自拔。这些都是人类情感的自然流露，完全出于对妻子的爱，本是一段佳话。但令人惊惧的是《世说新语》

中的评语，妻子亡故后，没过多久，荀粲也随她而去，因此受到了世人的讥讽。并且这个故事被编入了《世说新语》的《惑溺篇》。"惑溺"指的是迷惑沉醉于某事，这评价是有多么冷血！没有一丝一毫对于失去爱妻的男子的同情。评价的指向竟然是这个愚蠢的男子因为沉迷于女色，最终走向自我灭亡。我们看过许多爱情故事，依然可以在荀粲的故事中找到共鸣。因为失去父亲而憔悴的孝子大有人在，但荀粲的故事或许更能触动我们。顺带说一句，以爱情为主题的中国古代故事中，常常会看到唐玄宗与杨贵妃，却看不到荀粲，实在是有些不够巧妙。唐玄宗与杨贵妃是什么故事呢？本质上是年老的当权者贪恋美色，强抢儿子未婚妻的故事，剧情实在难以苟同，个人以为实在没有当作爱情故事传世的价值。

接下来，我们再看看丧子的故事。我们先来看看《礼记·檀弓上》中孔子的两位高足，子夏和曾子之间的对话。

"子夏丧其子而丧其明。曾子吊之曰：'吾闻之也：朋友丧明则哭之。'曾子哭，子夏亦哭，曰：'天乎！予之无罪也。'曾子怒曰：'商，女何无罪也？吾与女事夫子于洙泗之间，退而老于西河之上，使西河之民疑女于夫子，尔罪一也；丧尔亲，使民未有闻焉，尔罪二也；丧尔子，丧尔明，尔罪三也。而曰女何无罪与！'子夏投

曾参

子夏

其杖而拜曰：'吾过矣！吾过矣！吾离群而索居，亦已久矣。'"

故事讲的是子夏因为丧子哭到失明，同门的曾子大骂子夏的事。子夏比孔子年轻四十四岁，曾子比孔子年轻四十六岁，两个人可以说年龄相仿。老年丧子的心情，曾子不会不明白。但曾子骂的是子夏尽管悲伤，也不应该到失明的地步。为同门的失明而难过，与子夏一同痛哭，书中赞扬这是礼数。实际上，这个故事里也有薄情寡义的部分。对于子夏的行为做派，曾子早就怀有不满，这也是故事中有所体现的。原来，曾子听说子夏在西河岸边的村子里的一言一行，表现得他自己就是孔子本人一样。另外，父母去世后，子夏服丧时也没有表现得太过引人注目，平平常常就结束了葬礼。曾子平日里对子夏的不满，似乎都在这个时候爆发出来了。尽管曾子说的有一定的道理，但是这些话怎么能是对一个刚刚经历丧子之痛的人说的呢！实在是不通人情。

我们再看一个失去孩子的悲伤故事。斗转星移，时间来到三世纪。

"王戎丧儿万子，山简往省之，王悲不自胜。简曰：'孩抱中物，何至于此？'王曰：'圣人忘情，最下不及情；

情之所钟，正在我辈。'简服其言，更为之恸。"(《世说新语·伤逝》)

　　王戎的儿子王绥在十九岁时早逝，据说是因为肥胖和减肥失败，因此故事中说"孩抱中物"与史实有些不符。也或许不是相同人物。《晋书》中记载了相同故事，但主人公并非王戎，而是他的堂弟王衍。无论主人公是谁，都不影响我的结论。世界上怎么会有故事中山简这样的人呢？去丧子的朋友那里吊唁，说出的话却是"何至于此"。这句话里简直感受不到人性。当然，山简也可能充分理解到了主人的痛苦。但是，通过故事，我们感到在当时似乎即使心怀丧子之痛，却还要掌握住悲痛的火候，既不能过于伤感，又不能显得无情，可凡夫俗子的心毕竟也是肉长的。可以说，故事中王戎（或王衍）的话戳中了要点。葬礼的规模与程度上，母要轻于父。可是考虑到襁褓之中的养育之情，从人情世故上来考虑，对于母亲也未免太不公平了。明代谢肇淛便在《五杂组》卷十四中提出过这样的疑问，这也算是人之常情了。但这些微弱的声音还不足以撼动制度本身。在中国历史上，只有很短的一段时期将母与父的服丧仪礼列为同等，那是在唯一的女帝武则天当政时期，理由相信已经不言自明。

　　情感的制度化可以总结为如下内容。在这一制度下，每个人并非是为了在别人面前遵守礼节而控制自己难以抑制的悲伤情绪，需要做到的是依据不同场合、关系远近，按照排列好的顺序，以一一对照的形式采取不同的行为。而从我们今人来讲，这样做反而有违人情。对于亲人离世的悲痛之情，怎能从一开始就加以排序，并且按照等级的高低、仪式的轻重来进行决定呢？另一方面，尽管有了详细的规定，但是即使超越了规定范围，有时反而会受到赞扬。例如在丧父的情况下，子女因为失去尊崇的慈父而在服丧期间变得形容憔悴、骨瘦如柴。这和日本的鞠躬很相似。比如规定要鞠四十五度，但如果对某人鞠了五十度，旁人眼中就理解为非比寻常的敬重，表达了超越常规的敬意。一方面制定规则，另一方面鼓励正向超越规则，这在企业和军队之中是惯用伎俩，无非是为了制造出大批量的服从者。

专注服丧的义务

我们回到服丧这个话题。看了前文之后，相信读者们都可以意识到服丧的重要性。不可以在家中像往常一样起居度日，还要高声痛哭，让四邻都可以听到。当然，如果有正式工作的话，这些其实是很难实行的。按照规矩，如果是政府官员，父母亡故之后，必须辞掉官职回乡服丧。即使是位高权重者也要如此。不过，如果是肩负治国重任的宰相或是身处前线杀敌的将军，倘若因父母去世辞官，则很有可能影响到国家的安危。遇到这种情况，倒是可以免于回乡服丧，若是在服丧期间的则会被官复原职。这种情况被称为"夺情起复"。作为人情，一定是想回去服丧，但从政权的立场来看，只好遏制个人情感，因此被称为"夺情"。父母去世而心生悲痛是一方面，另一方面也有人会觉得好不容易才爬到高位，因为服丧便要辞官，未免太过可惜，这么想倒也不是不能理解。还有，后文中我们要详细谈及的科举，这是难度最高的考试，很多人费尽九牛二虎之力才能考过科举，获得较高的地位，当然不想轻易放手。当然，服丧期间结束后，还可以再被朝廷启用，恢复原职，但不少人不想官运因此而断。因此，一些人为了继续往上爬，便想方设法制造夺情的条件，请皇帝下诏夺情。

明朝万历年间，张居正位至首辅。由于皇上年少，因此国事都由张居正一手掌控。他还担任皇上的老师，因此天子对他敬重有加、言听计从。1577 年，张居正父亲亡故，按照传统，他应该辞官返乡。万历皇帝当时年仅十五岁，张居正不在身边便惶恐不安，因此命张居正"夺情"，不必去职。事实如何，我们看《明史》之中是如何记载的。

> 比居正遭丧，谋夺情，瀚心非之。(《明史·张瀚传》)
> 会居正父丧谋夺情。(《明史·张岳传》)

请注意这两处都使用了"谋"字，意思是张居正不愿去职服丧，因此谋划了如何夺情。张瀚心中有所察觉，因此感到不妥。皇上下诏，"夺情"果然如预期实行。对此，引来了文武百官的不满。另外《明史·张居正传》记载："居正自夺情后，益偏恣。其所黜陟，多由爱憎。"结果是张居正在死后还受到多次非议，生前一切名誉皆被剥夺，家产也被抄没，子孙都被流放边境。张居正一门曾经风光无限，当政肆意妄为，结局也算是咎由自取。话虽如此，也不禁令人感叹世事无常。

此外，历史上还出现过隐瞒父母死讯的人。理由倒是简单，只是因为不想辞官。当然也有离乡任职，父母离世时没有收到死讯的。这两者均被视为罪过。前者尚好理解，后者也从侧面说明长时间没有与父母联络，算作没有充分尽到义务。

还有这样一件奇事。我们可以参考服丧期间的行为和世人的评价来看一看。这是一个东汉后期的故事。

"陈元方遭父丧，哭泣哀恸，躯体骨立。其母愍之，窃以锦被蒙上。郭林宗吊而见之，谓曰：'卿海内之俊才，四方是则，如何当丧，锦被蒙上？孔子曰：衣夫锦也，食夫稻也，于汝安乎？吾不取也！'奋衣而去。自后宾客绝百所日。"

故事中引用了孔子的话，这是《论语·阳货》中记录孔子责骂弟子不孝时说过的话。主人公陈起实际上已经因丧父而瘦成了皮包骨头，在当时本应受到赞赏。他的母亲因为心疼他，才偷偷给他盖上了锦被。没想到被当世名人郭泰看个正着，这件事传出去之后，世间对陈起就起了非议。最后连凭吊的客人都不上门了，陈起还被风传为不孝之子。实在是百口莫辩，可怜至极。

服丧之重，由此可见一斑。不光是生前会受人监督，即使是死后，也会长久被后人评议。

在此，我们有必要看一看在中国何谓"孝"，何谓"不孝"。因为日本的"孝"与"不孝"，特别是我们今人眼中的"孝"与"不孝"，与古代中国在内涵上和社会性上是有巨大差异的。倘若我们不能区分两者的差异，就无法真正吃透中国的"孝"与"不孝"。所以，接下来我们梳理一下中国的"孝"与"不孝"。我们先从"不孝"说起。为什么呢？如果模仿《安娜·卡列尼娜》的开篇第一句，可以解释为"孝是相同的，不孝各有各的不同"。什么样的行为和态度被当作不孝之举，如果不孝，又会怎样处置，这些与当代也有很多不同之处。

国家指定的重大犯罪——十恶

当今时代，不孝是发生在家庭内部的，原则上与他人没有丝毫关联。周围人当然可以随意评论，但是没有什么拘束力和强制性。如果发生家庭暴力当然另当别论，会给警察叔叔增加工作负担。尽管如此，罪状也绝不会是不守孝道。但是，在过去的中国，不孝被当作是犯罪。并且，是非常重大的犯罪。

《唐律》是唐代的刑法，成书于八世纪的《唐律疏议》是对于该书的解释。《唐律疏议》卷一记有"十恶"一项，记载了国家指定的罪大恶极的十类罪行。十恶并非是唐代才确定的，唐以前的隋代便已出现。据《隋书·刑法制》记载，隋朝的法律，是以之前北齐的制度为蓝本进行删减后成立的。隋唐法律都列出了十恶，一直沿袭到了清朝。以下便是十恶：

一　谋反

二　谋大逆

三　谋叛

四　恶逆

五　不道

六　大不敬

七　不孝

八　不睦

九　不义

十　内乱

下面，对这十恶进行简要说明。一为谋反，即图谋推翻政权。二为谋大逆，即图谋或实施毁坏皇帝的家庙、祖墓及宫殿。三为谋叛，日文也有相同表述，但汉字写法不同，即图谋背叛祖国（中国），听命他国。间谍行为就属于此类，要点是不能叛国。四为恶逆，即殴打及谋杀祖父母、父母。杀伯（叔）父（母）、兄弟姐妹等也属于此类。五为不道，即杀死一家三口（或以上），且被害人均不是应判死刑之人。一般杀害全家也属于此类。还有肢解杀人和巫术杀人。巫术杀人为何会被指定为重罪呢？如果杀人者使用刀具，只要保持距离就可以逃生。但是使用巫术的话，与距离无关，远近都可以杀人。六为大不敬，指对帝王相关事物不敬的言行，如盗取帝王祭祀用的供物、车辆、衣物，盗取或伪造玉玺，偷吃帝王的餐食等。七为不孝，后文详述。八为不睦，简单来说就是亲戚之间的不和睦，杀害或出卖亲戚属于此类。九为不义，即官员杀害上司，徒弟谋害师父等。丈夫丧中，妻子不表达哀思，作乐、改嫁等也属于此类。十为内乱，指近亲通奸，父亲与祖父的妾虽无血缘关系，但不可私通。

以上就是古代中国指定的重大犯罪"十恶"。以国家和帝王为对象的犯罪行为被列入其中是理所当然的事情，一、二、三、六便属于此类。但占据大多数的却是家庭内部的问题，分别是四、七、八、九、十，数量上占了十恶的一半。这样设定，并非是为了将国与家分为不同范畴，也并非为体现家比国更为重要。在《唐律疏议》中，对于第四项"恶逆"的解释是"绝弃人理"，对于第九项"不义"则解释为"背义乖仁"。这些虽为家族内部的纷争，但由于有违人伦，因此才不被允许。反过来说，家族内部的秩序，必须严格按照人伦来构建正确的体系。

亲子之间的关系最近，因此绝不能允许这一层秩序的混乱。比如，不相干的两人之间发生冲突或死伤，是不算在十恶之中的。但如果是亲子之间或是兄弟之间发生了类似的案件，则会算作第四项的"恶逆"。加害者与被害者之间的上下关系尤为重要，特别是下属对于上司实施加害行为的话，会被处以极刑或者要接受残酷的刑罚。举一个例子，在清朝的同治四年（1865年），有一个读书人和他的妻子用木棍打了自己的母亲。这件事曝光以后，夫妇二人被活活剥皮，不仅如此，尸体被烧，骨灰也被扬弃风中（引自桑原骘藏《桑原骘藏全集》第三卷、39页）。不孝之人绝不能有安身之所，这种强烈的意志体现在了酷刑之中。

接下来，我们着重看一看十恶之中的第七项"不孝"。

不孝为恶性犯罪

不孝位于十恶之中的第七项，具体指的是哪些行为呢？对《唐律疏议》中的解释进行详细的解读，可以认为以下五种行为被看作不孝。

（1）控告、诅咒、责骂祖父母或父母；

（2）祖父母、父母在世期间分家、分割财产；

（3）提供饮食等赡养行为不够充分；

（4）父母丧中婚姻、作乐，丧期未结束之前脱掉丧服、换上吉服（例如赴宴）；

（5）祖父母、父母去世后匿不举哀，诈称祖父母、父母死亡。

以上就是十恶之中的"不孝"。如此看来，伤人杀人等直接暴力行为是不在这一项里的，应该是包含在第四项的"恶逆"之中。辱骂父母当然不好，但这样就已经算是犯罪。没有提供充足的饮食也不被允许，那穷困家庭可是有点难上加难。五种行为之中前三项是生前，后两项是死后。由此可以看出，中国的"孝"，是不问生死的。

不管怎么说，十恶是国家指定的重大犯罪。既然"不孝"也位列其中，那么刑罚必然不轻。如果触犯（1）控告、诅咒、责骂祖父母或父母，唐律的刑罚是绞首。触犯（2）（3）是有期徒刑，触犯（4）（5）是要流放到两千里以外的不毛之地。当孩子的，实属不易。

也有父母以不孝的罪名控诉子女的。这种情况一般都是父母希望官员为自己做主，处罚子女。

"寡妇有告其子不孝者，杰物色非是，谓妇曰：'子法当死，无悔乎？'答曰：'子无状，宁其悔！'乃命市棺还敛之，使人迹妇出，与一道士语，顷持棺至，杰令捕道士按问，乃与妇私不得逞。杰杀道士，内于棺。"（《新唐书·李杰传》）

还有一个故事，是十世纪发生的。

"尝有夫妇共讼其子不孝者，重荣面加诘责，抽剑令自杀之，其父泣曰：'不忍也。'其母诟詈，仗剑逐之。重荣疑而问之，乃其继母也，因叱出，自后射之，一箭而毙，闻者莫不快意。"（《旧五代史·安重荣传》）

看来继母残害前妻的孩子古已有之。这个故事里是继母想要控告前妻的孩子，以置之死地而后快。但被安重荣看破之后反惹来杀身之祸。结局虽然皆大欢喜，但实在有些暴力了。以上两则故事的开端都是父母状告孩子不孝。并且当时的官员都下令处以严刑，似乎所有当事人也都并不觉得意外，只有第二个故事中的父亲似乎没有料到自己的孩子要被判死刑。因此，我们一方面可以想象出父母为了孩子含辛茹苦却换来家庭四分五裂的悲剧，另一方面从上面两则故事也可以发现，有些家庭里其实反而是父母出现了问题。北宋时代的名臣韩琦就说过这样的话。

> "父母慈爱而子孝，此常事不足道；惟父母不慈，而
> 子不失孝，乃为可称。"（《宋史·韩琦传》）

父母慈爱，孩子也会变得孝顺。父母丧失人性，也不会培养出孝子。看来这才是人世间的至理。这句话也充分体现了这个道理。可是，在父母与子女之间，父母的地位绝对是高高在上的。如果父母的一切主张都原封不动地服从，那孩子就太过可怜了。不过下面这个故事十分富于人情味，主人公是后汉时代的仇览，当时他担任蒲亭长，是地位十分低下的地方官员。

> "览初到亭，人有陈元者，独与母居，而母诣览告元
> 不孝。览惊曰：'吾近日过舍，庐落整顿，耕耘以时。此
> 非恶人，当是教化未及至耻。母守寡养孤，苦身投老，
> 奈何肆忿于一朝，欲致子以不义乎？'母闻感悔，涕泣而
> 去。览乃亲到元家，与其母子饮，因为节人伦孝行，譬
> 以祸福之言。元卒成孝子。"（《后汉书·仇览传》）

亭长管辖的区域十分狭小，地位也非常基层，因此才对居民的情况了如指掌。下面这个故事发生在宋代，也是十分暖人心。

"成都民妇讼其子不孝，诘之，乃曰：'贫无以为养。'
奎出俸钱与之，戒曰：'若复失养，吾不贷汝矣！'其母
子遂如初。"（《宋史·薛奎传》）

有才能的官员不只会罚，这也算是圆满的解决之道了。如
果子女真的不孝，向父母官控诉之后，即便子女受到了惩罚，
可能也不会达到令人满意的效果。实际上，仇览如此处理之后，
他的上司笑道：你的这一做法，对于蛮横之徒是没有效果的。
可是通过处罚，或许的确可以消除掉"不孝"这一负面因素，
但正面的也找不到一条。而仇览和薛奎将本是负面的事情变成
了正面的，从劝人向善的角度看，没有更好的方法了，可以说
采取了仁政。

以上的故事是父母控诉孩子不孝，历史上还有自己曝光自
己不孝的例子，这个故事发生在东汉。

"汉中程文矩妻者，同郡李法之姊也，字穆姜。有二
男，而前妻四子。文矩为安众令，丧于官。四子以母非
所生，憎毁日积，而穆姜慈爱温仁，抚字益隆，衣食资供，
皆兼倍所生。或谓母曰：'四子不孝甚矣，何不别居以远
之？'对曰：'吾方以义相导，使其自迁善也。'及前妻长
子兴遇疾困笃，母恻隐自然，亲调药膳，恩情笃密。兴

疾久乃瘳，于是呼三弟谓曰：'继母慈仁，出自天受。吾兄弟不识恩养，禽兽其心。虽母道益隆，我曹过恶亦已深矣！'遂将三弟诣南郑狱，陈母之德，状己之过，乞就刑辟。县言之于郡，郡守表异其母，蠲除家徭，遣散四子，许以修革。自后训导愈明，并为良士。"（《后汉书·烈女传·程文矩妻》）

在当时，不孝还没有被认定为十恶。不过，四兄弟认为自己的不孝是一种罪过，因而主动请罚。另外，我们看到子女对于继母也要遵守孝道。如果有血缘关系自不必说，即使是没有血缘关系的继母，就因为是"母"，就必须要加以尊重。但是这种情况其实不是人人都可以做到的，下面这个故事里面的继母和孩子就没有那么幸福了，故事发生在西汉初元（公元前48—公元前44年）年间。

"美阳女子告假子不孝，曰：'儿常以我为妻，妒笞我。'尊闻之，遣吏收捕验问，辞服。尊曰：'律无妻母之法，圣人所不忍书，此经所谓造狱者也。'尊于是出坐廷上，取不孝子悬磔著树，使骑吏五人张弓射杀之，吏民惊骇。"（《汉书·王尊传》）

这则故事也实在骇人听闻。继子以继母为妻已经足以令人难以置信，王尊将继子车裂之后挂在树上命人射死也是令人心惊肉跳，简直是人间地狱了。将母亲或继母当作妻子对待，在刑法中没有具体规定如何处置，因此依据罪刑法定原则可以被判无罪。但这样的行为当然不能纵容，于是王尊决定非常事要非常办。与前文引用的《旧五代史·安重荣传》相同，这类看似毫不讲情面的处置方式似乎也没有受到什么非议。可见当时的人们认为严惩不孝子是罪有应得。

不过，被断定为不孝子但没有受到什么处罚的情况古亦有之。

"民有亲在与弟讼产者。瑜曰：'讼弟不友，无亲不孝。'杖而斥之。"（《明史·王瑜传》）

双亲还在世的时候就要分割财产属于不孝，虽然被断定为不孝，但被打几板子就完事了。

最后，再补充一个不孝之子遭天谴的故事。

"端拱二年八月，兴化军民刘政震死，有文在胸曰'大不孝'。"（《宋史·五行志》）

这算得上是真真正正的天诛了。连罪状都留在罪人胸前，可以说这个雷劈得有章可循而又准确无误。雷是从天而降的，可谓天意。下面我们看一段元太祖成吉思汗与长春真人丘处机之间的一段对话。

> "一日雷震，太祖以问，处机对曰：'雷，天威也。人罪莫大于不孝，不孝则不顺乎天，故天威震动以警之。似闻境内不孝者多，陛下宜明天威，以导有众。'太祖从之。"（《元史·丘处机传》）

被雷劈的均为该遭报应的人，这种说法公元前就已存在。《史记·殷本纪》中就记载殷朝第二十七代帝王武乙是无道昏君，曾制作人偶，取名"天神"。武乙命人操纵人偶与自己赌博，赢了之后便羞辱"天神"。武乙还用皮袋灌血，吊起后用弓箭射穿，成为"射天"。其后，武乙在外出打猎时被雷劈死。这个故事只是传说，武乙是否被雷劈死不得而知。但从这个故事中可以充分了解到，雷劈便意味着天诛（仁井田陞《中国法制史研究：法与习惯、法与道德》522 页、548 页）。

第三章
孝与不孝的诸多形态

不孝的内涵

在本章中，我们进一步深入探讨不孝的本质。在上一章，我们了解到了哪些行为被看作十恶之中的不孝。杀害自不必说，殴打、辱骂等我们现代人也不认可的行为也包含在其中。刑罚轻重与否，我们暂且放在一边。另外，父母在世时，我们当然不会把分家和犯罪联系起来，但这在古代中国也是禁忌。如前所述，从古代中国家庭样貌来看，这是非常重大的一个问题。判断孝与不孝时，必须要基于当时的家庭状态等背景，这一点绝不能忽视。

十恶中的"不孝"，只是编入刑法之中的一种犯罪行为，从当权者的立场来看，是绝不能容忍的。但是，其实很难对"不孝"下一个明确的定义。就像我们很难区分管教和体罚的边界一样。可以断定"这孩子不孝"的，可以是父母，可以是邻居，也可以是毫不相干的某人。接下来的几个例子，相关者认定为"不孝"，但与今人的想法却大相径庭，从中可以看到古代中国的特色。

第一大不孝，应该是没有继承者。《孟子·离娄上》中有"不孝有三,无后为大"的说法。古代中国人最怕的是断了香火，无法延续自祖先代代传承的"气"，导致再无后人供养祖先。延续"气"的重要性，我们已经充分理解了。另外，儒家思想认为还有两类不孝。一是一味取悦父母，见父母有过错而不去劝说，使他们陷入不义之中。二是贫困家庭之中，如果父母日渐年老，子女却还不求上进，未谋取官职获得俸禄侍奉父母。三者之中，"无后为大"的"孝"常常被当作劝婚的理由。

　　"敏子追求敏，出塞，越二十余年不娶。州里徐邈责之曰：'不孝莫大于无后，何可终身不娶乎！' 乃娶妻，生子胤而遣妻。"（《三国志·公孙度传》）

　　故事中徐邈所言"不孝莫大于无后，何可终身不娶乎！"正体现了当时结婚的最大目的。听了这句话以后，李敏的儿子（名字不详）才有了结婚的念头。但是妻子刚生下一个男孩，她就像完成任务再无用处一样被丈夫抛弃了。李敏的儿子为李家延续了香火，在当时，完全可以称为孝子了。这一婚姻观，是扎根于家族观及生死观之中的，我们用现代的眼光批评李敏之子过分也有些不妥。话说回来，我们现代人也绝不会为了这一目的结婚。有一部分人想将儒家思想在当今世界重新发扬光大，他们甚至会反问这样的婚姻观有什么不好。我认为这类意见是混淆了理解与共鸣的愚蠢发言。如果在今天还为了延续香火而结婚，那才是缺乏见识的做法。

在《平家物语》之中，平重盛夹在父亲平清盛与君主后白河法皇之间进退维谷，不知何去何从，遂感叹："悲哉！若忠于君，则仿佛瞬间忘却高于迷庐八万山顶的父恩，身负不孝之罪。痛哉！若要逃脱不孝之罪，又成无法忠君的逆臣。"中国历史上也有人被夹在中间，无法忠孝两全。

> "石奢者，楚昭王相也。坚直廉正，无所阿避。行县，道有杀人者，相追之，乃其父也。纵其父而还自系焉。使人言之王曰：'杀人者，臣之父也。夫以父立政，不孝也；废法纵罪，非忠也；臣罪当死。'王曰：'追而不及，不当伏罪，子其治事矣。'石奢曰：'不私其父，非孝子也；不奉主法，非忠臣也。王赦其罪，上惠也；伏诛而死，臣职也。'遂不受令，自刎而死。"（《史记·循吏列传·石奢》）

楚昭王在位期间是公元前515—公元前489年，也就是说，故事发生在春秋时代后期。作为儿子，不能拘捕父亲，因此放走了杀人犯。这一点至关重要，也没有半分迟疑。不忠与不孝之间，选择了不忠。但是这一选择在当时未必会被追责。一个人成为官吏之后，才会直面忠与不忠的问题，虽然具有一定的重要性，但不孝却关系到一个人存于世间的一切准绳。从这种意义上来说，孝与不孝更加深深触及人的本质。为了证明这一点，我们看一看帝舜的故事。舜是传说中的帝王，是五帝中的一位。舜的父亲人称瞽瞍，意为失明的人。据说瞽瞍听信后妻谗言，对舜百般折磨，但舜还是不失子道，百般孝顺，因此作为孝道楷模而被推崇。关于舜与其父瞽瞍，孟子与门人桃应之间有这样一段对话。

> "桃应问曰：'舜为天子，皋陶为士，瞽瞍杀人，则如之何？'
>
> 孟子曰：'执之而已矣。'
>
> '然则舜不禁与？'
>
> 曰：'夫舜恶得而禁之？夫有所受之也。'
>
> '然则舜如之何？'
>
> 曰：'舜视弃天下，犹弃敝蹝也。窃负而逃，遵海滨而处，终身䜣然，乐而忘天下。'"（《孟子·尽心》）

当门人问道，如果瞽瞍杀了人，孝子舜会如何做？孟子回答说，舜会帮父亲逃避刑罚，连天子都不当了，和他父亲一起去过快乐的隐居生活。孟子认为，这样选择是正确的。孟子没有批判不负责任地抛弃帝王之位，也没有怪罪对于罪行的包庇。

浮世绘中的二十四孝之大舜

天子的位子可以像草鞋一样扔掉，但是父子之间的关系必须要用心去守护。虽然这些只是师徒二人凭空想象出来的场景，但是两个人的对话中，充分体现了孝道之重。当父犯罪之后，子应该采取何种态度？《论语》之中有这样一段著名的对话。

> "叶公语孔子曰：'吾党有直躬者，其父攘羊，而子证之。'孔子曰：'吾党之直者异于是。父为子隐，子为父隐，直在其中矣。'"（《论语·子路》）

叶公的父亲犯了法，于是叶公告到了官府，他觉得这样做是"正直"的体现，他站在了"公"与"法"的一方。但是孔子却认为父子应当为对方相互隐瞒，才能真正体现出"正直"，而他遵从的立场是"私"与"情"。简单来说，他们两人的意见可以这样分类。孔子并未说可以见到犯罪行为可以熟视无睹。但在孔子的价值观之中，父子之间相互告发是有违人伦，是情所难容的，是不能允许的行为。孔子是儒家的开山祖师，后世的儒家弟子们当然会把孔子的话当作金科玉律。因此，在后世出现"公"与"私"矛盾的时候，选择"私"会被广泛接受。既然孔子、孟子都持这一观点，当然没有争论的余地了。虽然忠孝不能两全，但不孝远远甚于不忠。虽然"大义灭亲"也会被传为美谈，但是对于一般黎民百姓来说，离"大义"的距离

先师孔子行教像拓片

还是远了些，生活并不是天天都能和大义挂钩的。并且《孟子》里面都写了，帝王的位子都可以不要，更何况臣子和普通人，当然更可以沿着这条路走下去了。在《吕氏春秋》中，还记载了叶公和孔子对话的后续部分。在这段文字里，有一个儿子状告了父亲之后，提出要求，希望代替父亲受罚。等到官府要处罚他的时候，那个儿子竟然说状告父亲是为了守"信"，代父受罚是为了守"孝"，倘若连既守"信"又守"孝"的人也要处罚，那全天下就没有不该罚的人了。当时的帝王听了觉得有理，便取消了对儿子的处罚。孔子听了这件事以后，批评道，利用亲生父亲将两种道德都贴到自己脸上，也算是奇闻一件了。

关于瞽瞍和舜这对父子，还有这样一个传说。舜照顾瞽瞍的时候，受罚时如果是鞭子抽几下，就会甘愿挨打。但是如果瞽瞍拿起了大棒，则舜就会跑得远远的。《孔子家语》中提到舜为什么会逃跑呢？因为舜担心瞽瞍在气头上的时候，控制不住轻重，把自己打死。舜不想让父亲变成杀人犯，所以才逃走的。从舜和瞽瞍的故事，还有前文中石奢的故事，都清楚地告诉我们，为了守住孝道，还要一心防止父亲因为自己而出现过错。尽管瞽瞍不通情理，对舜凶狠暴力，但在《孟子》的字里行间，却能或多或少地感受到父子之间的一丝温情。

在天子身上，也会有下面这类不孝的情况出现。这是唐朝的事情，发生在七世纪。

　　"时武卫大将军权善才坐误斫昭陵柏树，仁杰奏罪当
免职。高宗令即诛之，仁杰又奏罪不当死。帝作色曰：
'善才斫陵上树，是使我不孝，必须杀之。'"（《旧唐书·狄
仁杰传》）

　　高宗认为，父亲太宗陵墓的柏树被人砍伐，自己成为"不
孝"之子。大概是恼怒自己管理不善，这件事对于高宗的严
重性可见一斑。对于皇帝来说，这类事端也会当作不孝之举。
昭陵是唐太宗的陵寝，位于陕西省礼泉县的九嵕山上。陵园
总面积约两万公顷，方圆六十公里。陵园广阔，一两棵树被
砍伐也不值得大惊小怪，但高宗的反应令人不得不认真对待。
如果是一般百姓，相信也不会如此严重，但是对于皇帝来说，
也算是不孝的一种。这个故事的后续是这样的。狄仁杰旁征
博引，举了几位古人的先例，劝说高宗无法可依、判罚过重。
接着狄仁杰对高宗说道："今陛下以昭陵一株柏杀一将军，千
载之后，谓陛下为何主？此臣所以不敢奉制杀善才，陷陛下
于不道。"高宗听了之后才稍微消解了怒气，权善才也免于一
死。高宗担心后世会评论自己"不道"，因此才收起了杀气。
结局算是圆满了。最后，顺带一句杂谈，其后在贞元十四年
（798 年）昭陵建筑物遭受了火灾，但似乎没有记录称当时的
天子德宗叹息自己不孝。

女性之不孝

本书行文至此，似乎一味从男性角度加以论述，实在是有失偏颇了。中国的古典有以男性为主体的写作倾向，因此笔者也无意中如实反映了这一点。当然，并非在古书中没有涉及女性的故事。下面就介绍两则女性的故事，可以说是带有女性特质的"不孝"。两则故事描写的都是婚后丈夫早逝，女性如何处理与婆家关系的情形。先来看第一则，结局有些令人心痛。

> "杨氏，桐城吴仲淇妻。仲淇卒，家贫，舅欲更嫁之。杨曰：'即饥死，必与舅姑俱。'舅不能夺。数年，家益贫，舅谋于其父母，将以偿债。杨仰天呼曰：'以吾口累舅姑，不孝。无所助于贫，不仁。失节则不义。吾有死而已。'因咽发而死。"（《明史·列女传·杨氏》）

这段文字有令人费解的内容，即"舅谋于其父母，将以偿债"这一句中，"其父母""偿债"的具体对象皆无从得知。但是有一点非常明确，最后杨氏自杀原因在于被迫再婚的耻辱。因此，我们首先要判断公婆是否会从杨氏再婚对象手中获得钱财，从而偿债。但这些问题并不会影响我们理解以上文章的大意，即一位女性亡夫后生活无以为继，面对被迫改嫁的窘境，无法忍受而选择自杀。

《女孝经图》（局部）

　　《明史·列女传》是明朝女性传记的部分内容，记载的是真实存在过并且值得表彰的女性。列女传中的"列"字并非列举的"列"，此字通"节烈"的"烈"，因此列女传即"烈女传"。杨氏即为其中一位烈女。杨氏的死确为悲剧，但称为悲剧并非因为杨氏不能死而复生，是因为她面对改嫁选择了死亡，从这个角度看杨氏是贞洁烈女，因此才会将她载入《明史·列女传》，加以表彰。

　　但是，在此我们终究要用现代人的观念和想法去思考这则故事。第一点，杨氏丧夫后，公婆以贫穷为由令杨氏改嫁，杨氏选择拒婚。若从"孝＝顺从"这个思路来判断（听父母话的孩子才是好孩子！），杨氏的做法则有失"孝"心，因为她没有遵从长辈要求她改嫁的意愿。第二点，对于生活一贫如洗的公婆来说，少一个人才会减轻生活负担，杨氏执意留守家中只会导致生活更加贫困（实际上也是如此）。也就是说，她拒绝改嫁、留在婆家并不会给公婆带来好处，杨氏此举正可谓是在帮倒忙。从这个角度来看，她的做法也是偏离"孝"道的。若从实际情形来说，杨氏应是"不孝"之女。按照现代的逻辑，我们会以上述方式理解杨氏的做法。真正体谅父母，应压抑住内心想法，对父母言听计从，这才是日本人更容易接受的"孝"。第三点，杨氏选择自杀，这会使公婆的想法（计划）落空。说得更直白一些，这会为公婆带来偌大的麻烦。杨氏自杀前列举自己的三大罪状为不孝、不仁、不义，如果她同意改嫁，不孝与不仁的问题将迎刃而解，只有最后的不义才能成为自杀的理由。"这个女人为了维护自己的名誉，没有站在婆家的角度换位思考就自杀了，真是太任性了。"也不能说这种评论毫无道理。大概现代人很难与杨氏的做法产生共鸣。

有必要澄清一点，如今人们对再婚的看法与古代有着天壤之别。自古以来，就有一句名言"忠臣不事二君，贞女不更二夫"（出自《史记·田单列传》）。古人对女性的要求尤为严格，将"不更二夫"原则贯彻到底。甚至有人断言，相比再婚失节还不如饿死家中。来看宋代著名思想家与弟子的对话。

"问：孀妇于理似不可取，如何？曰：然。凡取，以配身也。若取失节者以配身，是已失节也。又问：或有孤孀贫穷无托者，可再嫁否？曰：只是后世怕寒饿死，故有是说。然饿死事极小，失节事极大（所以不可再嫁！）。"（《近思录》）

《近思录》是南宋朱熹与吕祖谦编排的一部著作，收集北宋具有代表性的学者的名言。上文为程颐（程伊川，1033—1107）与其弟子一段问答的部分内容。程颐强调，丧夫之妇再婚有失贞节，是万万不可的做法。饿死事小，失节事大，这是多么骇人听闻的一句话。我们不禁发问，这些思想家良心何在？竟将人的生命看得如此轻薄。我们要清楚，现代人才会认为生命无论在什么情况下都是最珍贵的，但这种想法并非当时人们的共识。再有一点，世界也并不是按照这些思想家的想法运转的。实际上再婚在当时似乎并不罕见，虽然有些是无奈之举，但是皇室女子改嫁也并不稀奇（赵翼《陔余丛考》卷四十二，再醮后）。因此才会将贞洁烈女载入史册加以推崇。虽说如此，再婚也没有被大众广泛接受。一个人不想受到"不义"的非难，因此自己从心底就不想再婚，被旁人劝婚也不会接受，这也算合情合理。即使基于以上思考，杨氏的所作所为仍有超乎我们理解之处。

回到《明史·列女传》中杨氏的故事。杨氏自认为"不孝"，她认为自己不孝的原因是增加了公婆的负担（生活上的负担）。从这里还可以解读出，"不孝"也适用于丈夫的父母，为公婆家带来困扰（实际上便是如此）之后选择自杀的杨氏又给娘家带去了什么影响呢？为探究这一问题，再举一例。这则故事要追溯到元朝。

> "张兴祖妻周氏，泽州人。年二十四，兴祖殁，舅姑欲使再适，周氏不从，曰：'妾家祖母、妾母并以贞操闻，妾或中道易节，是忘故夫而辱先人也。忘故夫不义，辱先人不孝，不义不孝，妾不为也。'遂嫠居三十年，奉舅姑，生事死葬无违礼。"（《元史·列女传·周氏》）

这则故事讲述的是，女子结婚后不久丈夫便去世了，婆家建议她改嫁他人，但是她拒绝了，最后留在婆家伺候公婆。这则故事中周氏没有自杀，过上了安稳的日子。值得注意的是，周氏拒婚的理由是，忘记亡夫即为不义，失节有辱祖先即为不孝，这与明朝杨氏的想法如出一辙。二者不同之处在于不孝的具体内容，周氏认为改嫁是对自己祖母和母亲的不孝。周氏的祖母和母亲与她一样结婚不久后便失去了丈夫，两位长辈为保全贞节都没有改嫁。自己如果同意改嫁无异于违背长辈的原则，损害祖先的名誉，这是周氏认为自己不孝的理由。违背公婆的意愿并非不孝，玷污过世的祖先的名誉才是不孝。再婚作为关乎守节的大事，会影响娘家名誉，因此拒绝再婚是有利于娘家名声的。可以说，《明史·列女传》中杨氏不肯再婚也有这个原因。因此，她们认为即使违背在世父母（包括公婆）的意愿，只要能为亡故的祖先争光，便尽到了"孝"心。在这一点上，我们应该揣测得到"孝"在当时的意义之重。当然，尽"孝"主要考虑的还是在世的父母，从以上典故可以看出，女性尽"孝"也要考虑到养育自己的娘家。所以除了拒绝婆家人的劝婚之外，即使娘家人要求亲生女儿改嫁，也会遭到拒绝。来看明朝的一个例子：

> "戴氏，莆田人，名清。归蔡本澄，年甫十四。居二年，本澄以世籍戍辽东，买妾代妇行。戴父与约曰：'辽左天末，五年不归，吾女当改嫁矣。'至期，父语清如约。泣不从，独居十有五年。本澄归，生一子，未晬，父子相继亡。清哀毁几绝。父潜受吴氏聘，清闻之曰：'人呼女蔡本澄妇耳，何又云吴耶？'即往父家，使绝婚。吴讼之官，令守节，表曰寡妇清之门。"（《明史·列女传》）

这则故事表彰了贞洁烈女戴清的形象，她两次违背父亲意愿都表达了自己的立场，戴氏的顽固形象令人印象深刻。如果说听父命是"孝"，那么戴氏就是不"孝"之女。但是奈何戴氏这样做的理由是"守节"，父亲便无法继续劝婚，何况最后戴家还得到了官府表彰，从"为家族争光"的意义上讲，戴氏的做法正符合"孝"道。

那么，如果在夫君和父亲之间二选一，该如何是好呢。下面这则故事，发生在春秋时期的公元前 697 年。

> "祭仲专，郑伯患之，使其婿雍纠杀之。将享诸郊。雍姬知之，谓其母曰：'父与夫孰亲？'其母曰：'人尽夫也，父一而已，胡可比也？'"（《左传·桓公十五年》）

雍姬最后将雍纠的计划告以祭仲，于是祭仲杀了雍纠，将尸体示众。郑厉公把尸体装到车上，说"谋及妇人，宜其死也"，逃亡到蔡国。"父与夫孰亲？""胡可比也？"由此可以看出父亲更重要。

杨氏和周氏的故事中，二人都是在婆家被劝再婚。一方面因为她们年纪尚轻人生仍可重来，同时也有经济方面的原因（尤其是杨氏）。当时的人们也明白这个道理，人们活在现实世界，生活还要继续，仍有追求幸福的机会。但是也有人认为再婚事关"名誉"，因而不会再婚。在现实面前选择名誉，原因在于

牌坊　村里若出现名人，便会建一座牌坊记载此人事迹，整个家族甚至整个村子都会以此为傲。图为明朝时期表彰鲍氏家族的牌坊，位于安徽省歙县。（出处：刘炜主编，王莉著《中华文明传真（9）明》，商务印书馆，2004年）

避免"不孝"。即便是放弃人生幸福的权利，甚至是失去生命，纵然为周围带去诸多不便，也不可"不孝"，为不被扣上"不孝"的帽子，古人可以赴汤蹈火。

　　但以此种手段去坚守"孝"道，未免太过残忍。孝和不孝控制着人的人生，它的力量可以使人拒绝再婚，使人放弃幸福和未来的希望。这不仅是外界的强制力量，也是一个人自发性的行为准则。正因为如此，现代人才会认为这些故事具有悲剧色彩。过去人们所做的选择是发自内心的行为，即使有人反对他们也不会动摇。历代正史的列女传将这种不计其数的悲剧视为典范收录其中，反映的就是历朝历代的价值观。附言一句，古人对男性再婚从未贬低过。男性可以按照自己的意愿再娶二房、三房配偶。如果从上文所述的古人家族观念来理解，这一现象也不足为奇。

《孝经》的主张

如果继续对不孝进行阐释，不仅在内容上有失偏颇，还会偏离道德的正轨，因此，接下来讨论与孝相关的内容。虽无传授"不孝"之道的教材（当然"不孝"依然存在），但关于"孝"的教材却有绝佳的经典书籍——《孝经》。这部著作并未详尽介绍如何遵守孝道的细节，所用字数颇少。《孝经》讲述的，是人类的孝有何意义以及何为孝心，内容相当抽象。

《孝经》有《古文孝经》和《今文孝经》两种，二者内容在实质上并无差别，只是在章节设置上有些许差异。两书开宗明义章第一到丧亲章第十八内容相同，闺门章为《古文孝经》所独有，算此章在内共由十九部分组成。本书作者不详。据《史记·仲尼弟子列传》记载，孔子认为其弟子曾参通晓孝道，便传授孝道于他，据说《孝经》是孔子亲自著成的。《孝经》以孔子与曾子问答形式著成，有学者认为作者即使不是孔子，也应为其弟子或与他同派别的人。曾参，较孔子年轻四十六岁，公

孝经图（局部）

元前 505 年生，公元前 436 年逝，虽称不上孔子尤为杰出的弟子，未入选孔子十哲，但他无疑是孔子的得意门生，他将孔子学说中重视内心修养的特点发扬光大，成为一大思想家。《曾子》被认为是曾子的著作，流传至今，实际上大多数文章皆为其弟子编撰而成。

《孝经》开篇便是孔子教导曾子孝道的场景。

"身体发肤，受之父母，不敢毁伤，孝之始也。立身行道，扬名于后世，以显父母，孝之终也。"

浮世绘中的二十四孝之曾参

据说曾参生命垂危之际，令弟子检查自己的身体，结果毫发无损，曾子以此自豪（《论语·泰伯》）。这种想法也源于上述的身体观，即肉体是负责继承祖先传承下来的"气"（引用《孝经》的这段文字斥责年轻人文身和染发行为并未考虑到身体观的不同，因此并不合理）。上述文献可以总结为：一个人身心健全地出人头地就是完美地完成了孝道所赋予的责任。

僧人出家之所以被后人认为不孝，其中一个原因即为剃发。头发是身体重要的一部分，所以剃发就是违背《孝经》所述观点的行为。古时，剃发或剃胡须是一种刑罚。此外，当时不经同意便剃他人的头发、拔他人的胡须，等同于今天的伤害罪。公元前的秦朝竹简（云梦睡虎地秦简）中有以下文字。

"或与人斗，缚而尽拔其须眉，论可殹？当完城旦。"（法律答问）

本人完全体会不到拔他人胡须乐趣何在，但这在当时可是重罪，且刑罚不轻，虽可免受刺青刑罚和

云梦睡虎地秦简

肉体之苦，但是却避免不了被流放边境，做看守或修建城墙的工作（完城旦）。从这个文献就可以看出头发与胡须之于古人的重要意义。如今，人们为了赶时髦随心所欲换发型已成了司空见惯的行为，但当时将头发保护得完好无损才是最重要的。在此再次强调古今的身体观是不同的。

回到《孝经》的文章。《孝经》认为，扬名天下、为家族争光即为孝。《孝经》中还有这样的文字：

> "夫孝，始于事亲，中于事君，终于立身。"

孝始于孝顺父母，终于出人头地，这并不难理解，但"中于事君"这一句，即"中间的境界是对君主忠诚"使人感到不解，孝与君主有何联系？综观《孝经》全书，便可得知孝绝不仅仅是家务事。《孟子》离娄上写道"天下之本在国，国之本在家，家之本在身"，也就是说天下、国、家贯穿于一体。天子章第二到庶人章第六，在这一部分孔子叙述了适用于天子、诸侯、卿大夫、士以及庶人等各种身份应该遵守的孝道。孔子教导说，孝比亲子关系更为厚重，三才章第七中记载：

> "曾子曰：甚哉，孝之大也！'子曰：'夫孝，天之经也，地之义也，民之行也。'"

曾参表示为孔子的看法大为折服。孔子认为"夫孝，天之经也，地之义也，民之行也"，孝为贯穿天地人的重要道德标准。后面的内容更为宏大。从孝治章第八至圣治章第九，讲述的是古时的君主如何以孝治天下，内容得到了进一步升华。最后，五刑章第十中甚至提到了不孝的刑罚。

> "子曰：'五刑之属三千，而罪莫大于不孝。要君者无上，非圣人者无法，非孝者无亲。此大乱之道也。'"

不孝之罪在诸多罪名中属罪大恶极之举。因为若目中无上、目无法纪、目无亲情，则天下大乱。最后一部分丧亲章第十八中讲述"君子"的孝。文中说君子服丧时穿上华美的衣服就心中不安，听到美妙的音乐也不快乐，吃美味的食物不觉得好吃，"此哀戚之情也"。由此可知，古人服丧时着装、饮食、住宿环境存在各种各样的限制正是由此而来的。"生事爱敬，死事哀戚"的态度很重要，这样做就完成了孝子的义务。

《孝经》确实是一本讲述子女对父母尽孝的典籍。但是，从以上篇章不难理解《孝经》也讲述国泰民安需要哪些秩序，也是一本具有治世性质的书籍。普通百姓处理亲子关系与天子治理天下时，无不需要自始至终地遵守"孝"的原则，这种世界观是形成该书的基础。书中并未论述个中缘由何在，没有将"遵循孝道的原因何在""孝与治理天下的关系何在"这种论证性的内容灌输给读者。坚信"孝很重要"的信念，是一个不容怀疑的坚定前提。孝为何物是人尽皆知的，对此确实不必赘述。不孝子也对孝道心知肚明(只是不愿为之)。若从道德伦理上论述，所讲内容的影响力有限。但是用实例来讲，却有很强的感染性。《孝经》中的诸多内容，都与平民百姓无缘。比如书中说，扬名乃孝之终点。但我们看以下文字：

> "子曰：'君子之事亲孝，故忠可移于君。事兄悌，故顺可移于长。居家理，故治可移于官。是以行成于内，而名立于后世矣。'"(广扬名章第十四)

由此可见，扬名归根到底还是治国理政者、从政治人的专属，并不存在于庶民的世界。从这个意义上来讲，《孝经》是一本具有政治色彩的书籍。另外，该书的特点是未对仪礼做细致入微的介绍，而是始终保持抽象的说法。具体的仪礼在《礼记》《仪礼》等与"礼"相关的书中有详细记载。《孝经》的主要目的是强调孝之大和孝之重，并让人们将其铭记于心。若人们已经理解了孝的重要性，便不会抵触详细讲解的内容。如果开篇就通盘说教"孝道之重，需奉行如此这般的礼仪，该如此去做"，不会吸引读者。《孝经》首先要吸引读者，这至关重要。

《孝经》的作用

《孝经》的内容不仅关乎家庭和睦，还能保障国泰民安，所以自然会得到治国理政者的关注。《后汉书·荀韩钟陈列传》中有这样的内容："故汉制使天下诵《孝经》。"大概是在说西汉时期执政者下令普及《孝经》。据说东汉初，开国皇帝光武帝命禁卫军将领即虎贲之士习《孝经》（《旧唐书·薛放传》）。东汉设有孝经师一职（《续汉书·百官志》）。甚至还有后世的皇帝亲自为《孝经》作注，是为唐玄宗。他所著的《御注孝经》流传至今。开元十年（722年）六月，朝廷将该书分发至全国各地，天宝三年（744年）下诏书"诏天下民间家藏《孝经》一本"。

至少执政者认为《孝经》有一个重要作用，即人们一旦读过《孝经》便会孝心迸发并善待父母，最终成为君子。皇帝命人将《孝经》发到民众家中，便可以证明这一点。那么，《孝经》果真能有这样的作用吗？来看以下两个典故。

第一则故事发生在东汉时期的中平元年（184年）。中平元年正是灵帝在位期间，灵帝为《三国演义》开篇出现的昏君。此时中国发生大规模内乱，代表性的事件有黄巾起义。当时中国西部凉州有一个民族称为羌族，羌族与当地汉族势力联合暴乱。当地地方长官未能平定动乱而被免职，最终由宋枭接任该职。他感叹当地反抗势力之众，对下属盖勋提出如下指示：

> "梟患多寇叛，谓勋曰：'凉州寡于学术，故屡致反暴。今欲多写《孝经》，令家家习之，庶或使人知义。'"

实际上，这是一个良策。他建议从最基础的事情开始教育当地民众，使之成为良民，任谁听了会无动于衷呢？这个故事后续如何？之后他的下属盖勋向宋枭谏言："昔太公封齐，崔杼杀君；伯禽侯鲁，庆父篡位。此二国岂乏学者？今不急静难之术，遽为非常之事，既足结怨一州，又当取笑朝廷，勋不知其可也。"宋枭对他的建议视而不见，果然不出盖勋所料，他遭到诏书责问，因虚慢获罪被召（《后汉书·盖勋传》）。

第二则故事发生在与东汉相近的时期，当时太平道结社引起天下大乱。身为高官的向栩颇具威严，为百官所惧，向栩提出以下对策以平叛乱。

> "不欲国家兴兵，但遣将于河上北向读《孝经》，贼自当消灭。"

这也是一个过于乐观、感人肺腑的建议。他认为叛军听到《孝经》后便会反省自己，从此不再叛乱。这则故事的后续又是如何呢？中常侍张让谗言说，向栩不欲令国家命将出师，疑与张角同心，欲为内应。向栩因此被投入监狱，最终被杀。（《后

《孝经图》（局部）

汉书·向栩传》）。由于权力斗争纷繁复杂，向栩的这番建议最终致他自己于死地，为他感到痛心的同时，也不禁会认为他的建议过于理想和天真。

过去人们似乎一直认为，要想彻头彻尾地改造蛮不讲理的愚民，或者教化以下犯上的无法之徒，让他们读《孝经》再好不过。但是，这对很多人来说，不过是一种形式主义，并不是由衷确信《孝经》具有这样的作用。当然，他们反对的声音一定会被扼杀在摇篮中。

单方面灌输书本内容并不会打动人心。前文讲不孝时，举过陈元母子与仇览的例子。陈元母亲向仇览控诉儿子不孝，于是仇览为陈元诵读《孝经》。他听了之后后悔不已，最后向母亲认错（出自《谢承后汉书》，引用《后汉书·循吏·仇览传》）。认识的人向他诚诚恳恳讲道理，言语之间引用《孝经》内容，自然会打动人心，具有说服力。但是站在道德制高点用教诲的语气，强迫民众去读这本书，怎能触及人心呢？古今政治家似乎都没有意识到这一点。

有人认为，单凭《孝经》宣扬孝的重要与伟大是远远不够的。因此，简单易懂的孝子故事应运而生。《二十四孝》就是这样的一本简洁又具代表性的孝子传。

孝子的凄惨

中国有很多书籍记载了孝子故事，这类书统称为孝子传。除孝子传外，各朝各代的正史中都有以孝义传为主题的章节。但是，颇具讽刺意义的一点是，这些书读起来并不会令人感到愉快。因为在孝子传中，极少有记录功成名就的子女让父母过上了富足生活的故事，多为艰辛甚至悲惨的故事。比如，有人在一贫如洗的生活中仍做到了善待父母，还有人在四处逃难自身难保的窘境中仍能保护父母（后来这个孝子丢了性命）。最为著名的，是《二十四孝》。《二十四孝》由元代郭居敬所著。从书名便可得知，本书是记录二十四位孝子的故事，内容多为上述的悲壮故事。该书在日本也广为流传，有的故事被写入《御伽草子》。郭巨的故事令人印象最为深刻。

汉朝的郭巨与妻、子、老母亲四人一起生活。日子穷得上顿不接下顿，老母亲心疼孙子，便把自己的饭让给孙子吃。郭巨不忍母亲受这般委屈，便对妻子说："贫乏不能供母，子又分母之食，盍埋此子，儿可再有，母不可复得。"他跟妻子说完便决心丢弃儿子。这样一来可以节省一个人的伙食。其妻也同意了这个做法，郭巨为埋子掘地三尺，忽然出现了一黄金，上云："天赐孝子郭巨，官不得取，民不得夺。"

在千钧一发之际，天降奇迹于郭巨。结局虽美好，但并没有让我们松一口气。上天奖励郭巨一釜黄金原因在于上天认定他是孝子。反过来思考，上天已经预测到郭巨埋子，正是以此为前提才会奖励他。杀子是为母尽孝，总之杀子是被认可的。进一步说，正是因为郭巨决心杀子，上天才会认定他为孝子（直白地说，穷孝顺并不稀奇），我们甚至可以理解为，郭巨杀子的做法不仅得到了认可，更是受到了推崇。

难怪中国近代文坛大家鲁迅会对郭巨埋儿的故事极为反感（鲁迅《朝花夕拾·二十四孝图》）。鲁迅说道："然而我已经不但自己不敢再想做孝子，并且怕我父亲去做孝子了。家境正在坏下去，常听到父母愁柴米；祖母又老了，倘使我的父亲竟学了郭巨，那么，该埋的不正是我么？如果一丝不走样，也掘出一釜黄金来，那自然是如天之福。但是，那时我虽然年纪小，似乎也明白天下未必有这样的巧事。"

《二十四孝》中还有其他奇迹。董永卖身葬父，天降仙女助之，这可谓是一个美好的神话故事。可是寒冬时卧冰求鲤的王祥和哭竹生笋的孟宗的故事渐渐让人难以相信。前者趴在冰上融化了冰块，主人公的下场应该是被活活冻死才合理。后者自不待言也是不符合季节的情形。问题是即使他们的故事是真实的（退一万步讲），也无法保证奇迹会发生。如果以这些人为榜样，莫不如不做孝子，保全性命才是好孩子。鲁迅所言是有道理的。孝绝非坏事，但在尽孝的过程中不可以触碰其他道德底线。用偷来的钱尽孝，无法赢得父母的笑颜。各种道德只有处于平等的位置，才能同时体现各自的价值。

但是，"孝"在过去的意义尤为重大，每一个人都这样认为。从这个意义上来讲，不如说孝子传是悲剧集。

中国人是怎样生活的

第一章到本章可以总结为以下内容。

一个人自降生开始便一定有父母。父母将他当作家族的血脉细心呵护，他在家族中长大成人。中国人的生活方式，就是扎根于这个普遍的观念上形成的。人类的生命并非源于超自然的神佛。人们都能观察并理解一个现象，即不论父母身在何处、

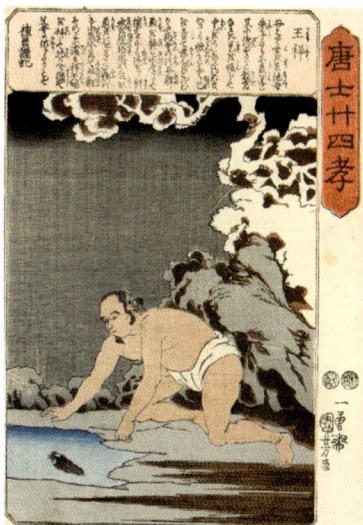

浮世绘中的二十四孝之王祥

浮世绘中的二十四孝之孟宗

浮世绘中的二十四孝之董永

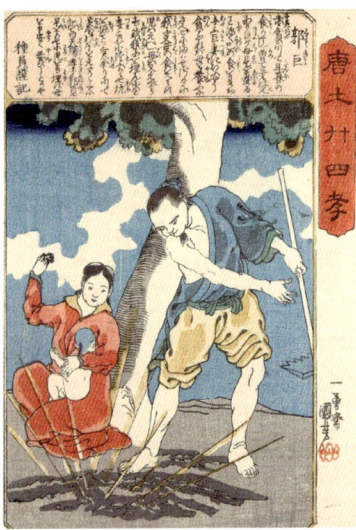

浮世绘中的二十四孝之郭巨

浮世绘中的二十四孝之杨香扼虎救父

是否在世，我们出现之前父母一定存在过。这个简单的道理是一切观念的源头。没有人能撼动这个毋庸置疑的单纯事实。

从上述内容可知，在这些观念的影响下，过去中国人的生活无法离开家和家族。一个人活在世间，并且能够以现在的姿态活着，首先与他的家有着无法分割的关系。人的身体负责继承祖先传承下来的"气"，是"气"的载体。用科学术语可以解释为，长相和姿态都会受到基因的影响。人的身体就是体现家族之"气"的载体。祖先传承下来的"气"接下来会以自己的身体为源头被后代继承。这样一来，人们就会十分爱惜自己的身体。"同气"的家族关系，永远不会破裂。因此，儿子揭发父亲的罪行，被认为是损害自己的行为。其次，成长的整个过程都要通过家来实现。衣食住行自不必说，思维方式、性格和志向无疑都是在家中养成的。工作上也多为继承家业，尤其对农民来说更是如此。家中有祖传土地，若勤于务农便不愁温饱。继承祖先的智慧，再传授给后代，实现循环性依托的就是家。而且后事也要通过家完成。在中国人的想象中，去世的人在天国只能享受自家子孙供奉的供品。只要儿孙在、家在，死后便可在冥界衣食无忧（不愧是以食为天的中国人的想法）。这不仅是自己的事情，也关乎"孝敬"祖先。我为何物？我的存在有何意义？思考这些问题时人们一定会以自己在家中的地位为出发点，并用"孝"去验证自己的价值，让自己具有现实意义。

　　"孝"适用于活在这个世界上的每一个人。不论是九五之尊还是黎民百姓，在"孝"面前完全平等。甚至要说，位于万人之上的皇帝应该率先垂范，比普通民众更守孝道。民众的不孝会归因于皇帝的教化不周。从这个意义上来看，不孝也是政治上的问题。说起来，《孝经》主张孝是贯穿天地人的大义。因此，孝与不孝不单是某个家庭的问题，也是当时全天下共同的价值观。国家对孝与不孝的问题给予高度重视，并对其强硬干涉的原因就在于此。但这并不是政治上的一种控制手段，也不是朝廷为了巩固江山而贯彻的一种社会等级制度，更不是为了深入家庭内部对其强加的干涉与控制。这关乎人们最为本质的理解，是人类赖以生存的社会状态问题。《易经》中记载的"正家而天下定"绝不是跳跃性思维，也不是错误的说法，可以将其理解为上述观念的一个体现。

　　以上内容说明了"孝"为何得到古代中国人的重视，并阐述了其具体内容。道理很简单，所以容易理解其核心要义。对古代中国人来说，"孝"不是单凭现世的父母子女就能完成的，过去和未来也是其中不可或缺的一部分。"孝"的形成根植于中国人以前的家庭观念中，并且能够充分反映这种观念。"孝"成了一种独特的生活方式，形成的基础包括人们对死后世界的认知、身体观、就业观，以及追求的理想生活。个人、家族和国家会将每个人的行为归结到"孝"的原理上，对其进行判断和评价。

现代，我们大可用批判的目光去看待古代中国式的"孝"。第一，有些内容放在当今时代明显会让人觉得缺乏人情味。父亲去世要极其悲伤，母亲去世要次之。这种规定过于呆板片面，没有任何理由，在葬礼上规定如此严苛的仪礼。第二，孝成为决定一个人社会地位的标准，也就是别人评价自己的标准。第三，孝已经深入到国家法律制度中，"制度化"的性质颇大。它打破家庭的墙壁，升级为国家强行干涉的一种制度。这些性质使得孝绝不只有温暖人心的一面，还使其具备了悲惨和令人痛心的一面。有必要认识到这一点，这是讨论"孝"时不可忽视的前提。

古代中国式"孝"的引进

古代，日本通过书籍了解了中国的"孝"，并且深知两国在根本上对孝的理解具有差异。井原西鹤在《本朝二十不孝》中对中国式孝顺表现出了讽刺态度，有学者认为他得出的结论基于对这种差异的理解。明治维新以后，日本并没有理解二者的不同之处，或者说并不想去理解，便强制推行中国的孝道。当时日本并没有研究汉籍中所述的"孝"字背后有着怎样的身体观、生命观、人类观和人生观，就将中国与日本的孝混为一谈，以此推行日本孝道。以"孝"为基础形成的"忠"也存在相同

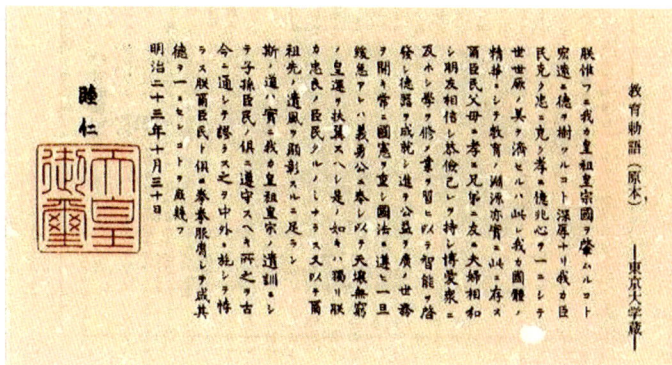

教育敕语

的问题。《教育敕语》是日本推行忠孝思想的著作，其内容一看便知，照抄了汉籍内容，实在令人痛心。开头的"肇国宏远""树德深厚"可在《书经》中查到，"世济厥美"来源于《左传》文公十八年中的"世济其美"四字。《教育敕语》中的很多文言文都可以在汉籍中找到原型。"二战"后一些保守的政治家屡次提议重新推广《教育敕语》。特别是最近有些议员极力提倡，用来解决青少年犯罪案件频发的问题。但是，如上所述，作为汉籍的复制品，《教育敕语》中所讲的"孝"即便可能符合其发源地中国（也须是古代中国），也无法适用于日本，连编著该书的明治时期都不具备适合的基本条件和现实背景。现代日本教育中的人类观和人生观、身体观、生死观与明治时期截然不同，此时推出《教育敕语》简直是不明所以、过于天真。

113

只要思考一下，在《教育敕语》的教导下长大的日本人是不是都成了栋梁，即可明白个中道理。那一代人，草率发动战争导致国家濒临毁灭。而战败后，他们不愿为所做的事情承担责任，还自以为是地挂羊头卖狗肉。可是，他们被提出质疑的时候，竟然还公然表示"希望对方能够理解"。脑回路如此奇特的人不计其数。总而言之，弘扬"孝"道，第一步即要探究符合日本现代的"孝"。不要动辄引用中国古代的典籍和日本的古籍，必须用时下的语言、今人的方法讲述当代人的"孝"，并且需要进一步探究每一代人该尽哪种"孝"。没有进行初步思考，便生搬硬套古人的"孝"，这样做毫无意义，并且极其愚昧。

日本固然不适合上文的"孝"，连在现代的中国都是行不通的。如何理解孝，又如何去尽孝？这个问题留给每一个人去思考吧。因为，"孝"从根本上来说仍属一家之事，关乎与我们生活最为密切的"家"。想营造和谐稳定的家庭环境，还是令人感到不安的生活空间？为此该怎样去做？这些问题交由每一个人自己思考即可。因为要想改变家中氛围，亦需每一个家庭成员的思考与努力。当然不可随心所欲地改变，一定要使其符合当今价值观。

人类应该怎样生活

我们可以得出以下结论：为家族而活、在家族中生活是古代中国人极为重视的问题。家与家族举足轻重，人们可以为之付出生命，舍弃天下，并且这样做会得到认可和表彰。他们并非为了天下或者他人，为此丢了性命可谓不孝至极，理应被唾弃才对。为了追求财富而将生死置之度外也是不会成为众人交口称赞的典范。《礼记·祭义篇》中，曾子有一句名言："君子之所谓孝也者，国人称愿然曰：'幸哉有子！'如此，所谓孝也已。"由此可知，出人头地虽为一种孝，但孝的根本并不一定取决于是否取得成功，日常生活中的行为才是最重要的。

当人们对自己的存在意义疑惑时，会发出疑问："我从何处来？"于是产生了为家与家族而活的想法。我从何处来？我来到这个世界是为了承继先祖的"气"，我的肉体是"气"的载体，我的体态皆表现着家族的"气"。因为"气"体现在容貌上，所以人们都能看出人类是沿着"气"的流动来到这个世界上的，因此不必进行复杂的解释。之后结婚生子，自己又成了后人承继"气"的来源。一个人的身体中寄存着家族的过去与将来。在这一认知的影响下，人们不会认为自己的人生是与过去和将来无关的"独自一人的人生"。所以人们不会感到迷茫和不安，因为他们知道自己存在的确凿理由，也能清晰地看到自己的存在来源于有现实依据的因果关系。

这样一来，家和家族便具有特殊意义。再怎么知己的朋友也不会"同气"，讲究忠义之道的君王之间也不会"同气"，除了家人都不可"同气"。附言一句，从这个角度出发，也不难理解为何中国人在原则上无法欢迎毫无血缘关系的养子了。相比信任，他是否是血脉相连的家族成员更为重要。偏重亲属关系的不良风气也由此产生。一个人成功即可带动整个家族地位的上升，这种事时有发生。但问题是这不仅发生在某一个人身上，任谁成功都会产生整个家族的连带效应。

还有一点十分重要。由于上述观念，人们无法自立，也不具备独立人格，由此影响了整个社会结构。因此，大家认为，孩子长期依赖父母绝对不会被当作啃老族，这样反而是敬爱父母的表现。我们应该意识到它与西方思想在本质上存在区别。二者没有优劣之分，认为这两种想法非错即对并不妥当。

上述家与家族观念的现实意义已经不复存在了。中国发生了巨变，在不同年代，人们的想法也大相径庭。如今，提倡家与家族观念可能也不再会受到追捧。但是，如果将其视为一种生活态度，就会发现其中不乏值得借鉴之处。

比如第一点，作为使人安心生活的主要场所，家与家族所具有的意义。如今，我们以独立的人格进入社会，但社会并非充满善意，莫不如说现实的社会中充斥着各种露骨的恶意（充斥在每天的新闻报道中）。威胁安稳生活的因素无处不在，人们心中感到不安与麻木。在这样的大环境中，家与社会不同，家人不会以恶意相互攻击（除去家庭暴力等特例），而是保护彼此免受社会中的恶意攻击。当下流行的一种说法认为，没有踏入社会的人就不算是独立的成人。这句话令很多人痛苦不堪，人们评论他们"无法适应环境"，人们的眼光之于这些人如同一支毒箭。我认为一个人即便没有出去闯荡，他若能在家中谋求一席之地并尽到相应责任，也不失为一种生活方式。我们需要再度斟酌，是不是依赖家人的生活方式也应得到认可？"现代社会存在不稳定因素"，在此背景下重新审视社会与人的关系，一方面也有助于人类的解放与自由。

第二点，"气"将家人结为一体，这是一种描绘家族之间牵绊的精妙表达。如果用科学术语"基因"来解释，则无法使众人产生共鸣。实际上，当时基因遗传现象的证实及公布在欧洲引起了广泛的恐慌。人们对于无法超越父母、受父母基因的限制感到恐惧，这是多么可悲的想法！"气"是彼此的羁绊。因此人们不会感到孤独，并且能够通过"气"确认自己存在的意义及理由。

"气"可能确乎为一种迷信的说法。但实际上，过去，中国人只是将如今被科学证实的基因换了一种说法，不过是将与基因发挥同样作用的物质称作"气"罢了。人类的肉体可以还原成各种化学物质的集合，但活在人世的我们绝不仅仅是一种物质。将喜怒哀乐解读为某种化学物质的分泌，便能加深我们对人类存在的理解了吗？

笔者无意提倡过去"气"的观念。我也反感封建迷信，并且深知迷信会扰乱心智。我在此关注的是中国人以前对生命本源的认知。他们并未从神佛的角度思考，而是以现实存在的躯体和精神为出发点，追溯过去，展望未来，沿着时间线寻找他们与自己最亲近的家人之间的关系。他们以这种方式寻求人类为何而活的答案。这提示我们，家不会使人孤独，家也不会放任你不管。无论发生了什么，家永远是人类的归宿。人们无法依赖遥不可及的神佛活下去，但每个人都可以依靠存在于现实中的逻辑生活下去。上文亦提及过，这些观念中也存在没有人情味以及需要批判的地方，但是其基本立场是值得肯定的。也就是说不要认为其中只存在封建压迫，我们需要思考，如果不用"压迫"的手段，就不能活用上述的家族观念了吗？况且，本来"压迫"就不是家族观念的产物（而是在实践过程中方法论上出现了偏差）。因为，父母压迫子女实际上等同于压迫"气"，从承继"气"的角度来看，压迫只会增加家族风险。

今天，人们当然可以从多种选择中决定自己家庭的生活方式。人们不会希望社会以固定的标尺来否定或修正他们的生活方式。希望家能够成为为家人提供一席之地的归宿。

一个个家族汇聚成为社会，下一章的主题即为社会结构的理想状态，也可以说凌驾于民众之上的国家结构的理想状态。

第四章
天生民

天与民

以上章节梳理了古代中国人的生活方式。即，古代中国人的生活全部围绕他们赖以生存的家，这种生活方式是生活中最为基本也是最为重要的问题。若说以前的中国人讲究"个人尊严"，其来源可能是人们在家与家族中的尊严。

以上是从个人及其家族角度，对"私"的领域进行了思考。即使生活的中心是家和家族，但是世界上还存在家族以外的人。人们不得不与外界进行接触。无数家庭汇聚成村落、形成城市。此时，一个有别于家族内部秩序的规则成为必须。换言之，这个规则要建立在家之上，起到统筹作用，以此保证社会稳定。某一地区制定自我管理的规定，约束这一地区的人。之后渐渐形成村规或市规，这种形式的规则时有出现，中国历史上可以找到例证。这些规则进一步走出了村落和城市，最终变成了"国家"制度。本章的主题即为"公"，它不同于"私"，或者说是超越"私"而存在的。

在不同时代和不同背景下，"国家"或"国"所表达的含义各不相同。研究认为，中国从明末清初开始使用国家或者国的表达，这种表达多少存在些现代的味道。在此以前，中国一直用"天下"二字表达与之相近的含义。当然在有些情况下,"天下"的含义会超出国家的范畴,与"世界"同义。但是,有学识的人使用这个含义的情况少之又少。所以,"天下"还是多指自己生存的国家,即"中国"。

明末清初,在改朝换代之际,顾炎武指出了亡国与亡天下的区别,认为前者是指中国史上常见的王朝更迭,后者指中华民族的社会文化系统的崩溃。清政府的民族与明朝不同,从这个事实出发才会将国与天下区分开来。我认为,在中国历史上,人们所说的"天下"与国的概念基本相同(概念虽相同,但实际形态并不一定相同)。

"天下"的内涵表明了这个世界的法则始于"天"。有天地,然后有万物。

> "有天地,然后有万物;有万物,然后有男女;有男女,然后有夫妇;有夫妇,然后有父子;有父子,然后有君臣;有君臣,然后有上下。"(《易经·序卦》)

这个顺序值得思考。先有男女,然后有夫妇,于是有父子,接下来有君臣。作为人,家族放在首位,顺着上一章的思路我们知道这种想法是理所当然的。位于后面的君臣关系类似于人为制定的契约,与家族关系有着天壤之别。《易经·序卦》文中没有提及"国",这一点值得我们注意。天地、男女、夫妇、父子、君臣便道尽了世间的秩序,不必存在如今的"国家",它不过是由人类操控的装置(不论这是人类共同的幻想还是其他)。"君臣"即代表政治的理想形态,也可以完全表达出政治的本质。以上问题值得注意。

"天民思想"甚至可以称为中国自古以来的思维方式。比如,古代诗歌总集《诗经·大雅》中有一首《烝民》,开头便讲"天生烝民"。烝民就是众民,意为众人。诗的后文说,天为了民众派遣有德之臣下凡到人间。民为天所生,万物皆由此产生。此外,《左传·襄公十四年》中写道"天生民而立之君,使司牧之,勿使失性",此处表达的是,天生民之后,为统治民众产生了君主(君主出现在民之后)。《左传》中的这段话阐述的是君主的作用,但我们也可以从中确认民众的出现先于君主。天民的基本关系便形成了。因此,诸子百家中的荀子认为"天之生民,非为君也。天之立君,以为民也"(《荀子·大略》),这种说法符合上述观念。

这种观念为后人所继承,西汉时期的第十二位皇帝汉成帝曾下诏说"常闻天生众民,不能自治,就为之立君上以进行统理"(《汉书·成帝纪》,建始3年,即公元前30年)。当时人们认为天、民和君主的关系就是如此。这些资料中也没有提及"国家"。需要注意一点,人们认为民众不属于国家,民众也不在国家主权者即君主的统治之下，人们依据臣（＝民）与君主的关系构建了统治秩序并确定了统治形式。

民众占天下人口的绝大多数。过去，很多中国人将家族视为生活重心，考虑未来的发展时也会以家族为主，而君主则巍然存于民众之上。民众与君主之间还有一种存在，他们是君主的得力助手，协助君主统治天下，他们就是官吏。民众的人生不可能脱离君主和官吏。换句话说，民众都在户籍资料中，每年都需按规定缴纳赋税。甚至在某些情况下，征兵会使人们丧失自己人生的主权。公家不会放过任何一条漏网之鱼。家人会因为事故等其他原因离开人世，人们因此可能从此孑然一身。但是在历史中，即便是兵荒马乱的时期也没有出现过天下无主、无官吏的情况。因此不得不说，人生中可能失去家人，但是不可能没有君主和官吏相伴。

问题由此产生。即，民众的人生与所谓的"公家"即君主和官吏或者说"官"有着千丝万缕的联系，民众如何理解他们？以何种感情看待他们？民众与之是怎样的关系？第一点，官与民之间的阶级秩序。据中国史料记载，殷商是个古老的朝代，当时最高的统治者是王，其次有文武百官，此外还有"民"。君主在上，古时称为王，之后改称为皇帝。众人在下，受君王的统治。在这种君主制之下，君王不会亲自处理全部的事务性工作，君王也没有这样的精力。于是便需要"官吏"来辅佐君主。

那么官民关系是何种状态呢?

我们暂且不看被统治的民众与高高在上的君主之间的关系，来关注民众与直接管理他们的官吏之间，究竟形成了怎样的秩序关系。这种秩序关系会形成一种价值观，或者反过来讲，即有一种价值观促使了官民关系的形成，这种价值观与中国社会结构的形成以及人们参与社会的方式息息相关，古代中国的社会结构就是如此。人们一方面恐惧官的威胁，另一方面憧憬他们的地位。这种双面的情感对中国的社会和政治结构，以及人的生活方式都有很大的影响。

上一章讲解《孝经》时，提到了孝的顶点是"扬名"。"扬名"无疑就是指在官场步步高升。我们可以从官民关系中观察到中国史上独特的社会形态。这种价值观超越了各个村落和城市制定的各种制度，深深地烙印在民众内心深处，制约着人们的行为。这个价值观时间跨度颇长，影响范围极广，甚至覆盖整个"中国"，总之它贯穿整个中国史，在中国的历史长河中清晰可见。

民众在以上述方式生活的过程中，会受到"公"深刻的影响，"公"的范围超出个人及其家族的"私"，而"官"是"公"中最具象、最有影响力的。本章开始，以具有代表性的"官"为主题，讲解"公"的内容。但是,除了从官吏这个实体观察"官"以外，还应从"君臣"关系这个社会秩序的角度出发看待"官"。

考虑到这一点，本文将对这两个层面的"官"进行对比研究。亚里士多德说"人的天性是社会性动物"，人就是要参与到社会中。上一章了解了"私"，本章将探究与之同样重要的"公"。但是，说到"公"，人们就会联想到国家论，但是本章内容并非基于这一抽象的理论。本章以民众之上具体的"官"为重点。即主要讲官吏，最后试析君主和国家等问题。君主离普通百姓的生活过于遥远，他永远"远在天边"。"何为国家？"有学识的人也难以论述这个抽象的问题，平民百姓更是一头雾水。总之，离民众最近的、最现实的就是官吏。本章将对官吏着重进行分析。

附言一句，关于选词的问题。役人（译者注：官吏）在日本的汉籍中读作"eki zin"，意为服从国家分配的任务的人。这一解读也是"役人"的原意。但本文中使用的"役人"，并未选取该含义，文中的意义等同于现代日语中普遍使用的"役人"，此时要读成"yaku nin"（与公务员、官僚同义）。在此首先明确这一点。

官吏存在的理由

官或官吏为何存在？他们职责何在？在人们心中的地位如何？

上文也提到过，"天民思想"是中国人自古以来的观念。回顾举过的例子,《左传·襄公十四年》中写道"天生民而立之君,使司牧之,勿使失性",《荀子·大略篇》中有"天之生民,非为君也。天之立君,以为民也",汉成帝曾下诏说"常闻天生众民,不能自治,就为之立君上以进行统理"(《汉书·成帝纪》),这里明确了天、民和君主诞生的根本顺序,即先有天,然后有民,为了民,之后才有君主,同时也阐明了君主的作用。但是这个秩序中并不存在官吏。官吏不属于君主,也不属于民众。接下来说明"天民思想"(或君民思想)中为何需要官吏的存在。《墨子》尚同上中有如下内容(略有删减):

　　"古者民始生,未有刑政之时,盖其语,人异义。是以内者父子兄弟作怨恶离散,不能相和合;天下之百姓,皆以水火毒药相亏害。天下之乱。若禽兽然。是故选天下之贤可者,立以为天子。天子立,以其力为未足,又选择天下之贤可者,置立之以为三公。天子、三公既以立,以天下为博大,远国异土之民,是非利害之辩,不可一二而明知,故画分万国,立诸侯国君。诸侯国君既已立,以其力为未足,又选择其国之贤可者,置立之以为正长。正长既已具,天子发政于天下之百姓。"

不论多么圣明的皇帝都无法凭借一己之力治国,因此设有辅佐，辅佐又有辅佐……上文讲述了一个很简单的道理，也足以解释官吏存在的理由。下面的例子，出自《三国名臣序赞》的开篇部分，作者袁宏（338—367）。从书名便即可知，书中内容是对三国时期名臣的赞扬之词（并未谈及关羽、张飞，但包含诸葛亮）。

> "天生众民，不能相治，为之立君以统理之。明君不能独治，则为臣以佐之。"

众民不能相治，上天才会为之立君，话虽如此，明君也无法独自治国理政，需要选拔臣下以辅佐君主，这与上述《墨子》中表述的理由相同。文献后面接着说，历史中即使文官与武官的职责不同，但百官皆为辅佐君王各尽其职。下面的文献提及了较为具体的内容。

> "天生烝民，树之以君，明君不能独理，必须臣以作辅。君使臣以礼，臣事君以忠。故车服有等差，爵命有分秩；德高者则位尊，任广者则禄重。下者禄足以代耕，上者俸足以行义。"（《魏书·高闾传》）

以上文献的解释十分详细，内容浅显易懂。即不论多么圣明的君主都无法一人负责治国理政的重任，因此需要有为他执行命令，辅助治世的人。这些人的俸禄会根据负责工作的轻重决定，他们薪资水平有高低。但是，从另一方面来看，上述例文只解释了官吏需要做的事务性工作，就像"官吏帮忙打扫广阔的宅地""大家分担工作会提高效率"。对君主和臣下的关系的理解中，还存在一些更为形而上学的观念。

名著《史记》为西汉历史学家司马迁所作，该书根据记录对象的不同，写作体例也有所区分。具体分类如下：黄帝时期到司马迁生活的武帝时期记录君主的内容，体例为本纪；记录效忠历代君主的臣下中功绩显赫的人物时，体例为世家。司马迁对世家有以下说明：

> "二十八宿环北辰，三十辐共一毂，运行无穷，辅拂股肱之臣配焉，忠信行道，以奉主上，作三十世家。"（《史记》太史公自序）

这里将君臣关系比作天上的北极星与二十八星宿，还比喻为车轮的结构，但是本质上是将其视为君臣世界的结构或社会结构问题加以理解。前面的一种比喻也许借鉴了孔子的名言"为政以德，譬如北辰，居其所而众星共之"（《论语·为政》）。

东汉开国皇帝为光武帝（刘秀），关于当时的开国名将有一本传记，作者为范晔，他在书中表示"中兴二十八将，前世以为上应二十八宿，未之详也"（《后汉书·朱景王杜马刘傅坚马列传》）。由此可知，当时人们认为，振兴汉朝的光武帝确乎是上天指派的英雄，虽然范晔对此有些怀疑，但是人们认为辅佐光武帝的将军是天上的星辰转世。辅佐君主的臣下不仅属于人间，似乎也存在于天上（《水浒传》中的盗贼也被描述为星辰转世）。

世界由君主在高位统治是理所应当的，根据古代中国人的这种认知可以得知，君主的存在是国家和社会成立的前提。但统治系统中存在另一个问题，即如何构建臣下存在的理由。他们是从现实角度出发，认为臣下是现实统治工作中承担事务性工作的必要存在；还是从世界结构的角度出发，认为在形如同心圆的权力秩序结构中，至高无上的君主为其中心，而臣下则是离君王最近的同心圆。过去，人们是站在哪个角度认知的呢？当然，也许以上两种理解方式并驾齐驱。提出这个问题的原因，在于君臣关系极其复杂，特别是当臣下威胁到君主时，君臣关系便会偏离正轨。即使臣下的影响力足够威胁君主时，"事务性工作"仍需臣下完成。此时，臣下对君主来说仍是不可或缺的。然而臣下终究是臣下，若无君主，臣下的存在便无道理可循。所以这个问题涉及"君主制"框架中君与臣各自存在的必然性。

民父母

前文讲到，君主一人无法治国才会出现官吏。如果从这种事务性角度，解释官吏存在的理由，官吏并非必须值得尊重。这就像小学的班级里，需要负责扫除的卫生委员，为花草浇水的生活委员，他们不过是分担必要工作的人员。但是，当时的官吏绝不只是仅限于此的，他们被赋予了另一层的意义。

五经之一《尚书（书经）·洪范篇》中有"曰：天子作民父母，以为天下王"。这表明天子对民众来说如同父母。这一观念不是《尚书》的专属。中国第一部诗歌总集，同时也是五经之一的《诗经·小雅》部分，有一首诗名为《南山有台》。其中有称赞君主圣德、祈祷君主万寿无疆的诗句，为"乐只君子，民之父母"。《诗经》还有其他表达天子为民众父母的诗句，如《大雅·泂酌》一诗中有"岂弟君子，民之父母"。此处的君子并非一般意义上的圣贤，而是指具体的君主。《诗经》中也对此做了注释，引用该诗句的其他经典也对此进行了说明，因此这一点无可置疑。

后世的臣下对皇帝说"陛下为民父母"（《明史·魏元传及黄巩传》），皇帝也自称"朕为民父母"（《汉书·元帝纪》，另外《魏书·孝文帝纪》也有记载）。这种表达方式无疑受到了上述《尚书》和《诗经》内容的影响。我们可以从中看出一种拟制出的观念，即君主并非位于民众之上的超然存在，也不是行使专制统治权力的人，这些观念将君主塑造成像父母一样疼爱子民的形象。天子为民之父母的观念中，天子是父母，民为子女。而君主职责中的事务性工作由官吏来负责，那么官吏位于什么位置呢？父母与子女中间吗？

公元前一世纪尾声，西汉时代的王尊被任命为安定郡太守，上任后他命人写了一则告示，内容为"令长丞尉奉法守城，为民父母，抑强扶弱，宣恩广泽，甚劳苦矣"（《汉书·王尊传》）。这里将一县长官和副官称为"民父母"。还有一个与王尊同时代的人物，名叫严延年。由于他的执政方针过于严苛，其母训斥他："幸得备郡守，专治千里，不闻仁爱教化，有以全安愚民，顾乘刑罚多刑杀人，欲以立威，岂为民父母意哉！"（《汉书·酷吏·严延年传》）很明显其母所言的"民父母"就是指她的儿子严延年。

除西汉以外，还有其他时代的例证。六世纪中叶，北周时期有一个人被任命为胡州刺史，此人名叫薛慎。当时州界多异族人，治安堪忧。于是薛慎集各族豪帅对他们进行说服教育，让他们每月来一次，如果有需要随时可以来询问。他们每次来访，薛慎都勤于说教，好酒好肉相待，一年后这些豪帅心服口服。他们说："今日始知刺史真民父母也。"（《周书·薛慎传》）从此再无不满。还有一例发生在后梁时期，太祖（朱全忠）听闻负责掌管地方治安的镇将比县令位置还要高，他很疑惑，说"且

132

镇将多是邑民，奈何得居民父母上，是无礼也"（《旧五代史·梁书·太祖本纪》），说完之后改了这个制度。从这个例子可以得知，皇帝（没有自称父母）将县令即官吏称为民父母。上述例子都是旁人口中的"民父母"，下面的例子是直接自诩为民之父母的例子，元朝的张升说："然升备位郡守，为民父母。"（《元史·张升传》）

天子为父母，民众为子女，那么存在于二者之间的官吏处于什么立场呢？上述内容为我们做出了解答。即官吏也是"民父母"。"民父母"不仅适用于皇帝，还可以指官吏（特别是地方长官）。这并不是因为表达上发生了变化，同时期的资料中还有很多例子可以证明这一点，即"民父母"可以指皇帝也可以指官吏。总体来说，统治者和执政者都可以称为"民父母"。如以上文献所述，君主是上天指定的杰出人物，负责统治民众。因此，君主一定是极为优秀的人。那么辅佐君主的官吏，也不可以是与君主想法相悖的愚钝之人。我们可以假定一个前提条件，即，辅佐君主的官吏是有能力辅佐君主的杰出人物。如果将君主比作圣明的北斗星，那么支持他的官吏就如同仰慕北斗星的群星，一样熠熠生辉。并且，如果说君主是"民父母"，那么听命于君主的官吏必然也是"民父母"。这样就可以将他们理解为一个整体。

"民父母"这种表达方式与想法非常值得关注。因为这个想法明示了民众、君主和官吏三者间关系的理想状态和理想模式。并特别强调君主和官吏并非产生于民意，他们的行动也不需要顺应民意。按照真正的亲子关系（通常意义上的），父母会为孩子着想并照顾孩子，时而纵容时而责罚，但无论怎样做都是因为他们的"慈爱"。但是，父母在为孩子的大事做选择的时候，不会询问孩子的想法和意向，更谈不上尊重。同样的道理，君主和官吏作为"民父母"，对子民抱有"慈爱"之心，但是不必做顺应子民心意的事情，做事之前更不会征求子民的同意。孔子很早就提出"民可使由之，不可使知之"（《论语·泰伯》）。因此，"政之所兴，在顺民心；政之所废，在逆民心"（《管子·牧民》）。这一论述并非在谈论民主，强调的是执政者赢得民心的重要性，不过是为了寻求政治的圆通无碍。

还有，"民父母"即家长与子女，在这组关系之中，毋庸置疑父母的地位高于子女。而且子民要常常体会和感恩君主的"慈爱"，并且没有资格抱怨君主不够"慈爱"。从这个意义上来讲，"民父母"绝不算是一种温暖人心的关系。实际上"民父母"的前提，是上下等级分明的结构关系。回顾上一章"孝"的内容，便知亲子关系是非常严格的。望读者在这一点上不要产生误解。

进一步讲，将为政者称为"民父母"的是儒家（以及从前的墨家），"（圣王）为民父母"是儒家提倡的想法。与此相反，法家的韩非子讽刺这种观念说："夫以君臣为如父子则必治，推是言之，是无乱父子也。人之情性，莫先于父母，皆见爱而未必治也，虽厚爱矣，奚遽不乱？"（《韩非子·五蠹》）韩非子一语道破了这一政治事实。即表面上执政者是慈爱的"民父母"，但现实中，只有通过法律刑罚民众才能治理天下。现在我们不以为意地使用国家这个词语，实际上国与家并不属于同一范畴。从某种意义上来讲，将这两个字当作一个词的表达方式有些不合逻辑。欧美各国语言中，表达国的单词完全与家无关。还有一点很奇特。即国家这个单词虽然是"国＋家"的组合，但是家的意义已经不复存在，只剩下国的意义。将国的结构与家的结构共同来看待，也就是所谓的"家族国家观"确乎是执政者们拟制的观念。这种观念并非单纯的暴力性强制手段，不得不承认它已经成为人们对世界结构和秩序的一种理解，扎根于人们的内心深处（附言一句，尾形勇的《中国古代的"家"与国家》中有国家家族观相关的重要研究成果）。

在此补全前文引用的文献，出自《易经·家人篇》中的象传。

"家人，女正位乎内，男正位乎外，男女正，天地之大义也。家人有严君焉，父母之谓也。父父，子子，兄兄，弟弟，夫夫，妇妇，而家道正；正家而天下定矣。"

文中表达的意思显而易见，即只有家族秩序得以维护，天下才能井然有序。"孝"本属于私人问题，按照这个逻辑，"孝"才能超越私的范围，上升至"公"的领域。在西方思想中，国家是人类制定的制度，甚至是有损人类本性的形式。与西方思想相比，中国的观念可谓取得了飞跃性的发展。但是，中国并不是像西方国家那样认为的（后文详述）。我们也应该认识到，这虽看似是一种进步，实则不然。这一构想与日本人也有着千丝万缕的关系。

本章接近尾声，接下来的章节将以三个例子为主，讲述"中国不可思议的官吏"，以此探究为"民父母"的中国官吏有何独特之处。

第五章
中国不可思议的官吏

中国不可思议的官吏（一）

本章主题为"中国不可思议的官吏"，下面讲述三则故事，让我们来看一看作为"民父母"的官吏有何独特之处。

> "吉又尝出，逢清道群斗者，死伤横道，吉过之不问，掾史独怪之。吉前行，逢人逐牛，牛喘吐舌。吉止驻，使骑吏问：'逐牛行几里矣？'掾史独谓丞相前后失问，或以讥吉，吉曰：'民斗相杀伤，长安令、京兆尹职所当禁备逐捕，岁竟丞相课其殿最，奏行赏罚而已。宰相不亲小事，非所当于道路问也。方春少阳用事，未可大热，恐牛近行用暑故喘，此时气失节，恐有所伤害也。三公典调和阴阳，职所当忧，是以问之。'掾史乃服，以吉知大体。"（《汉书·丙吉传》）

古代中国的丞相相当于今天的总理大臣。身为总理大臣的丙吉，在上班路上偶遇一群人斗殴，死伤者横卧于路上。丙吉经过那里时，对这些人不闻不问。但是他看到牛累得喘气吐舌头，却前去关心。他的下属很疑惑，心想这个人到底在想什么？

139

也难怪下属会产生这样的疑问，他对受伤的人不管不问，却关心累得喘不过气的牛，这是什么脑回路？但是，丙吉有他自己的理由。打架斗殴应该由警察局来管理，总理大臣怎会亲身处理此等琐事？他的职责在于更为重大的事务。总理大臣的职责是调节阴阳，保持四季更替，保证人类和动植物按照这些变化调整生活作息。这样说来，总理大臣肩负着怎样的重任啊！还要调节属于天地自然的阴阳平衡，简直是令人敬畏的超人。

不仅丙吉一人认为丞相的职责是这样的。下面是同为西汉时期的例子，要从丙吉所处的年代上溯到一百多年以前。下面为皇帝与宰相之间的问答，内容类似上文。文帝在位时（公元前180年到公元前157年在位），朝廷采用二人丞相制度，即有左右两个丞相。

"居顷之，孝文皇帝既益明习国家事，朝而问右丞相勃曰：'天下一岁决狱几何？'勃谢曰：'不知。'问：'天下一岁钱谷出入几何？'勃又谢不知，汗出沾背，愧不能对。于是上亦问左丞相平。平曰：'有主者。'上曰：'主者谓谁？'平曰：'陛下即问决狱，责廷尉；问钱谷，责治粟内史。'上曰：'苟各有主者，而君所主者何事也？'平谢曰：'主臣！陛下不知其驽下，使待罪宰相。宰相者，上佐天子理阴阳，顺四时，下育万物之宜，外镇抚四夷诸

侯，内亲附百姓，使卿大夫各得任其职焉。'孝文帝乃称善。"（《史记·陈丞相世家》）

陈平对丞相（即宰相）的理解同上文如出一辙，主要职责是"理阴阳"。丙吉能够说出以上言论也许是借鉴了陈平的思想。即使是古代思想，丙吉的属下听了之后仍大为折服。因此，值得重视的一点是，这类认知在当时并非无稽之谈，而是一种令人折服的见解。

时光飞逝，南北朝时期，当时有一个掀起天下大乱的历史人物，名为侯景（503—552）。他极为暴戾，本来是北朝军人，后来向南朝梁求和并委身投靠。在梁朝形势严峻之时，他又反戈包围了梁朝的都城。后梁武帝被他幽禁，最终饿死。侯景将武帝囚禁后掌握实权，他想让武帝的属下宋子仙做司空。武帝骂道："调和阴阳，岂在此物。"（《南史·侯景列传》）武帝生命受到威胁之际，仍不顾安危抵抗到

浮世绘中的汉文帝

141

底的姿态实在令人敬佩。司空是群臣中地位最高的三公之一，与上文的丞相地位相当。武帝将司空称为"理阴阳"的职位，这正是继承了前人的说法。

综上所述，丞相并不负责管理行政中的具体工作，他存在的意义大于实务，要作用于包含万物的自然。但是反过来讲，如果发生地震和其他自然灾害，或者遇到天气反常的情况，就要怪罪到丞相头上了。这也可以看出，丞相的职责是何等重大。

因此，我再次惊叹：

中国的丞相，在古人看来，是何等神圣的伟人啊！

历史上，也有宰相因为天气反常而挂冠而去的。西汉时期，时值汉元帝在位，永光元年（前43）春天降霜，夏季寒冷，太阳暗而无光，时任宰相的于定国引咎辞职。这种例子并不少见。还有地方官员把自然灾害归因于自己的无德而辞职，南宋朱熹辞去漳州知事一职的时候，其中有一个理由就是当地发生了地震。

但是，细细品味以上的"政治"，其中，保证人类生存与生活的内容少之又少。即上述的政治概念中，不存在由人类自身制定的、为了保障人类生活的内容。比如缺乏保障日常生活的基础设施建设，缺乏维持和谐的人际关系的相关规则。如果丞相的职责就是调和阴阳，那么中国君主制度下的"政治"，到底是什么呢？在此，我们暂时先不去解答这个重大问题。

接着谈下一则故事。

中国不可思议的官吏（二）

时代的车轮滚滚前行，接下来的案例，发生在十八世纪的清朝。当时，有很多来自欧洲的基督教传教士访问中国，他们通过写信将中国的所见所闻传到祖国。其中有许多有趣的资料，作为重要的历史文献具有极高研究价值。下面的例子是矢泽利彦介绍的事例。

事情发生在十八世纪的清朝，时值雍正皇帝在位。一位法国的耶稣会士（1670—1732）在信件中提及雍正帝治国的政策方针。

"（雍正皇帝）为调动农民劳动的积极性，鼓励人们过有秩序的生活，便命令全部知府、知县每年都要将各辖区表现最为突

雍正朝服像

出的农民上报给他。包括在农活、人际关系、家庭关系、邻里关系做得最好的人。同时，还要考虑到这些人生活是否节俭不浪费。陛下收到名单后，便赏赐明事理的、积极的农民做八品官，并颁布名誉官吏的证书。走完以上流程，他便可穿上官服，获得拜访知县的机会，并获得与知县面对面喝茶的资格。这类人生前会被人尊敬，死后可以被授予符合他官阶的葬礼，他的名誉将被供奉在祖庙中被后人铭记。对这个值得尊敬的老人和整个家族来说，这会成为他们无与伦比的快乐。"（矢泽利彦《西方人眼中的中国皇帝》220—221 页）

矢泽氏在著作中对此做了以下的补充说明，"在该地区最精农耕、人品高尚、勤俭节约精神尤为突出的这个人将被任命为八品名誉官吏，八品官在县里就是县丞，相当于副知事"（出处同上，221 页）。此处所说的县，并非高级别的行政单位。中国与日本正相反，前者县的规模要小于郡。因此如果放到日本来说，八品官相当于町长或村长助理级别的官员，似乎并不是什么重要的官职。而且，他们实际上并不会从事任何官吏负责的工作。因此不会获得丰厚的工资（俸禄）。没有职责做就没有权力，因此也不会收到贿款或其他灰色收入。也就是说，这种赏赐实质上不涉及物质性奖励。但是根据信中所言，这在当时是至高无上的名誉。生前享受荣誉自不必说，死后也会光宗耀祖。整个家族都会因此受到褒奖，不难想象这个荣誉多么光荣。

但是，仔细想来这个现象是多么不可思议！一个人农活做得好或人品健全，怎么会因此获得名誉官吏的待遇呢（最优秀农民奖、"农业英雄"等似乎较为合适）？至于人品高尚或家庭和睦也是同样的道理。前者暂且不说，后者应该被授予类似"模范家族"的称号才对。总之，不同领域中做得好的人应该得到不同的称号。不然就像马拉松冠军拿到的是唱片大奖或直木文学奖一样，实在让人觉得奇怪。但是皇帝绝不会设置一个没有人感兴趣并且毫无意义的荣誉奖项。

因此，如果我们像信中写的那样去理解做官的价值，便会理解当时人们的想法：

> "这里的人们认为做官是最有价值的工作，超越一切职业和领域。"

这就像日本的授勋仪式，各界人士不论职业和领域都有资格获得勋章。换句话说，做官"超越任何领域"具有最高"价值"。古代中国人享受皇帝赏赐的官吏待遇，从"不分领域"这一点上类似于在授勋仪式上收到勋章，但是二者在"价值"上意义相差悬殊，前者意义要远高于后者（即便排除使授勋仪式染上污点的政治家，后者意义也与前者无法比拟）。而且，做官的价值并不在于行政权力。如上所述，八品官只是有资格与县丞坐在一起喝茶，并没有获得收入的机会。即便如此，百姓们仍憧憬这个职位。因此，我们要注意一点：

"做官与职业毫无干系。"

下一部分，本书会进一步详述这一点。

中国不可思议的官吏（三）

"做官与职业毫无干系"，这句话究竟意味着什么呢？指没有俸禄吗？非也。还是说做了官也不用做实际工作呢？这个回答适用于一部分情况。但是官吏也不是完全不工作，所以也不得不否定这个答案。总之，做官的意义在很大程度上是超出职业范畴的。以下例子即可充分说明这一点。东汉时期，在顺帝（125—144 年在位）驾崩之后没过多久发生的，约为 144 年。

> "是时顺帝崩，梁太后摄政，欲为顺帝作陵，制度奢广，多坏吏民冢。尚书栾巴谏事，太后怒，癸卯，诏书收巴下狱，欲杀之。丙午地震，于是太后乃出巴，免为庶人。"（《续汉书·五行志》）

梁太后盛怒之下将栾巴投入狱中，并欲将其处死。此时突发地震，梁太后认为上天发了怒，便赦免了栾巴。"免为庶人"这部分值得思考。《续汉书·五行志》对此事件的记述较为简略，《后汉书·栾巴传》中记录了梁太后发怒后写的诏书，其中栾巴的罪状是"捏造谎言诽谤君主"，这在当时是相当严重的罪状。虽然他只是触怒了太后，但是将栾巴定为"有罪"之人是无可厚非的。但是，当时人们认为自然灾害是天谴，而栾巴入狱后发生地震，梁太后便因此改变主意释放了栾巴。即使释放了他，他也依然是有罪之人，他的罪不过是被赦免了。所以才会被免去官职贬为庶民，此外没有受到其他刑罚。唯一可以视为惩罚的措施，就是将其"免为庶人"。很明显，脱掉官服，成为庶民就是一种"处分"。《后汉书·栾巴传》中还有他被"禁锢还家"，此处的"禁锢"并非现代的监禁刑。指的是罢免他的官职。在此补充一句，"免为庶人"这种说法并不一定指处罚，解除奴隶之身时也会这样表述。因此，"免为庶人"也可以表达地位"升级"。本文的"免为庶人"为前者。

说句题外话，《后汉书·栾巴传》中还写道："巴素有道术，能役鬼神。"看来栾巴还会使用非凡的道术。当时他在朝廷做尚书，有一次在元旦宴会上不仅迟到，还含一口酒喷向西南方。有人称他此举为不敬，皇帝便下诏书治罪于他。栾巴解释道："臣本乡成都市失火，故为救之。"于是皇帝命人驰快马到成都验证，结果此人回答道："正旦失火时，有雨自东北来，灭火，雨皆作酒气也。"（《神仙传》，引用《后汉书·栾巴传注》）朝廷中竟有如此传奇的人物，不难想象，如果这个人活跃于政界，施政手段一定离奇。但是，据《后汉书·栾巴传》记载，他后来触怒了龙颜，皇帝欲追究他的责任，这一次栾巴选择了自杀。这一次没有发生奇迹（但是《神仙传》记载他与友人分别之后便失踪了）。

再举一例，同为东汉时期的故事，约发生在栾巴之前100年前后。故事的主人公为李法，他是一位刚正不阿的大臣。

> "（李法）上疏以为朝政苛碎，违永平、建初故事；宦官权重，椒房宠盛；又讥史官记事不实，后世有识，寻功计德，必不明信。坐失旨，下有司，免为庶人。还乡里，杜门自守。"（《后汉书·李法传》）

李法同上述栾巴的遭遇相同，因触怒圣上遭到了处罚。很明显，李法犯了罪，并被认定为罪人。他的惩罚措施是被"免为庶人"。而李法回到故乡"杜门自守"，但这并不是一种刑罚。这段文字后续提到有学者和友人前来拜访他，由此看来不出家门是李法自己的选择。李法认为当时天下陷入恶政之中，政界被宦官及外戚垄断，政治状态与明章之治（东汉第二任皇帝到第三任皇帝在位期间，即明帝时期的永平年间到章帝在位时的建初年间，即 58—84 年）的治世相差甚远。如此忤逆圣上可谓大罪。因此他被认定为罪人并应该得到惩罚，但结果只是"免为庶人"，此外无其他刑罚。

行文至此，我们可以得出以下结论：

"对官吏来说，免为庶民即为一种重罚。"

现在的公务员如果犯了法，不论是刑事还是民事案件，只要法院判定此人有罪，便免不了刑罚，比如监禁、徒刑、罚款等。此外任职单位也会给他处分，即免职。如今法院与单位的刑罚属于截然不同的两种处分。然而上述例子中表明这两种惩罚没有区别，处刑并不意味着自动免职。很显然，在当时免职就是一种刑罚了。从这一角度来看，做官确实不是职业上的问题。这也能看出官吏拥有特权，"免为庶民"正说明了官吏的地位明显高于庶民，这是一种身份制度。由于过去中国存在身份制度，民众分为良民或贱民等，作为中国社会秩序的构成要素，身份制度是一大重要主题。一般情况下，不论一个人是良民或贱民都与他的人生无关，也不会威胁社会稳定，最重要还是"官"与"民"的身份问题，官民关系影响所有人的人生。过去官的意义与职业问题无关。我们要明确一点，即现代官吏即公务员的意义与过去截然不同。这就是古代民众不敢忤逆官吏的原因。

第六章
"官"的魅力

做官的理由

臣下若是皇帝的股肱之臣，便是最理想的君臣关系。这种表达很美好。但现实是，过去以此为志向做官的人少之又少。自公元前起，情况便是如此。

但是官吏将自己的不良动机直接表达出来的史料并不多。能把真实想法堂而皇之地表达出来的人，大概只有苏东坡一人。更多人以旁观者的角度去揭露他人的想法，这样的史料有不少。明朝谢肇淛在竞争率极高的科举考试中取得优秀成绩（万历年间的进士），他多次任职高官（科举相关内容后面详述）。他在自己的著作中写道：

> "今人之教子读书，不过取科第耳，其于立身行己，不问也；故子弟往往有登鸠仕，而贪虐恣睢者。彼其心以为幼之受苦楚，政为今日耳，志得意满，不快其欲不止也。"（《五杂组》卷十三）

人一旦做了高官便会受贪欲驱使，扭曲的本性就会暴露得一览无余。作者一语道破这个现实，成为高官的一大目的就是满足自己的贪欲。这句话是谢肇淛以旁观者的角度指出的，那么身为高官的他本身又是怎样的官吏呢？

再来看一个例子，选自清朝著名小说《官场现形记》，作者李宝嘉。书中的台词一语道破做官的动机。故事的背景是山西省的一个小村庄，庄内住的只有赵、方两姓人家。其中赵家有人通过了科举考试。方家老爷子不想让自己的儿子落后，于是请了一位姓王的老夫子来辅导他。在这个场景中，王先生对做官的好处做出了如下评价：

> "拉了翰林就有官做。做了官就有钱赚，还要坐堂打人，出起门来，开锣喝道。阿唷唷，这些好处，不念书，不中举，那里来呢？"（《官场现形记》）

"有钱赚"动摇了方家傻儿子的心。后来还引发了其他的骚乱，在此就不详述了。如王先生所言，人们做官并非出于高尚的目的，而是为了金钱、权力、虚荣心。

做官可以获得金钱和权力，文中除了表达做官积极的一面之外，还指出做官是摆脱残酷环境的有效方法。经商的收入也颇为丰厚，但即便商人拥有亿万家产，也有可能受到居心不良的官吏威胁。官吏倒不会直接要求他们上贡（贿赂），但是他们很有可能在鸡蛋里面挑骨头，给商人扣上莫名其妙的罪名，借机没收其家产。没有权力支撑的金钱，终究是不安全的。做官的真正动机，是为了追求"权力、金钱、名誉"，没有人会对这三点无动于衷。后文也会讲到，虽然很多人无意追求金钱和权力，但是他们仍然会坚守自身的名誉（当然这种名誉不同于做官的名誉）。从这个意义上来讲，没有人会对"权力、金钱、名誉"中的任何一项不感兴趣。做官可以集这三个追求于一身，因此我们可以想象到官吏的地位是多么有吸引力。现在的公务员是无法与之相提并论的，古代的官吏是一种极为特殊的现象。

当然，皇帝将官吏视为自己的左膀右臂，这位终极雇主十分了解自己属下内心的想法。官吏真正处理政务之前，皇帝就会事先警示他们这一点。清朝第三任皇帝世祖（顺治帝）评价明末官僚堕落的状态说：

"明季诸臣，窃名誉贪货利树党与肆排挤以欺罔为固然。以奸佞为得计。"（《清世祖实录》卷十八，顺治二年）

顺治帝所言虽为明末的现象，但我们知道他也是在警告当时的官僚。在贪欲的驱使下，官吏们一边拉帮结派以图出人头地，一边又想获得名声赢得尊重，如今看来他们也只是无药可救的低等人。

先不提官吏的名誉，这些官吏手中的权力和金钱有可能引发危机，甚至会发展成为关系到国家安危的大问题。很久以前就有观点指出了其中的危险因素，公元前的著作《韩非子》通过神话表达了这一观点。先来看一则春秋时期与权力相关的故事。

> "司城子罕谓宋君曰：'庆赏赐予者，民之所好也，君自行之。诛罚杀戮者，民之所恶也，臣请当之。'于是戮细民而诛大臣，君曰'与子罕议之'。居期年，民知杀生之命制于子罕也，故一国归焉。故子罕劫宋君而夺其政，法不能禁也。"（《韩非子·外储说·右下》）

文章大意是，一位君主将自己的权利让给下属，结果陷入险境。这个下属子罕的说辞十分漂亮。他说，君主您去做民众喜欢的事情，我来做民众所憎恶的工作。这个建议很容易让追求声望的君主上钩。但君主没有注意到至关重要的一点，即令人憎恶的工作能够赢得"威严"，而这个威严恰恰是权力的重要因素（附言一句，司城子罕在这则故事中被描述为威胁君主的奸臣，但在《左传·襄公二十七年》中，他是一位正直的忠臣。这两部作品中人物形象有所出入）。韩非子认为："人主者，以刑德制臣者也。"（《韩非子·二柄篇》）这则故事中，君主放弃了其中的刑，结果便失去了王位。

接下来是关于金钱的例子，故事发生在春秋末期。

> "赵简主出税者，吏请轻重，简主曰：'勿轻勿重。重则利入于上，若轻则利归于民，吏无私利而正矣。'"（《韩非子·外储说·右下》）

以上文献似乎还有遗漏，后来薄疑对赵简子讲了一件讽刺的事情："府库空虚于上，百姓贫饿于下，然而奸吏富矣。"总之，负责征税的官吏认为，减轻赋税会让民众占便宜，所以便加重税收。但是，把所有的税都上缴国库则便宜了政府，所以他们最后便将富余的税收，收入了自己的囊中。这些被官吏中饱私囊的钱财最终还是要从民众那里获得。如果民众的财富都用来养肥官吏的钱包，这一定会成为改朝换代的祸根。纵观整个中国史，这类问题极为常见。

紧张的君臣关系

君臣之间不同思路，以及其中存在危险已经在《韩非子》的引用中得到了充分的体现。韩非子见证了战国时期（末期）的弱肉强食、暴虐不仁的状况，他以严格而又客观的目光审视了这些事情。君主为守护江山，谋求国家的富强，一定会广招人才。但是这些人才并非都是出于爱国之心才做官，更多人是为了实现个人的野心。甚至有的臣下抓住昏君在位的机会趁机扩张自己的势力范围。甚至还有人会试图坐到龙椅上取而代之。韩非子如是说，君主有两种祸患。任用贤能，臣下就会依仗贤能来威逼君主；随便推举人才，则会一事无成。所以君主喜好贤能，群臣就粉饰行为来迎合君主，君主便无法识别臣下的真实面目。君主常会因此受到威胁，但是臣下也绝不轻松。臣下若不迎合君主，一旦被君主列入黑名单，他就会面临降职甚至是刑罚的危险。下面的文献可以作为例证：

> "夫龙之为虫也，柔可狎而骑也；然其喉下有逆鳞径尺，若人有婴之者则必杀人。人主亦有逆鳞，说者能无婴人主之逆鳞，则几矣。"(《韩非子·说难》)

"批逆鳞"即出于此处。规劝君主是一件极为困难的事情。其成败取决于君主的心情，正确的言论也不见得会被认可。而且，同样的建议由不同的人来说会出现不同的结果。人性的复杂之处令人难以捉摸。

韩非子还讲述了下面一则故事。主人公是战国时期的韩昭侯（公元前 362 年—公元前 333 年在位）。

> "昔者韩昭侯醉而寝，典冠者见君之寒也，故加衣于

158

君之上，觉寝而说，问左右曰：'谁加衣者？'左右对曰：'典冠。'君因兼罪典衣与典冠。其罪典衣，以为失其事也，其罪典冠、以为越其职也。非不恶寒也，以为侵官之害甚于寒。"（《韩非子·二柄》）

个中道理很容易理解。如果一次越权得到承认甚至奖励，那么每一个下属都会变得不负责任，进而肆无忌惮地越权，导致政局出现混乱。道理确实是这样。但是作为人，还是不禁觉得这件事有失人情味，过于刻薄。下面的例子讲的也是坚守本职工作的臣下劝谏君主的趣事。

"景公饮酒，移于晏子家，前驱报闾曰："君至。"晏子被玄端立于门曰："诸侯得微有故乎？国家得微有故乎？君何为非时而夜辱？"公曰："酒醴之味，金石之声，愿与夫子乐之。"晏子对曰："夫布荐席，陈簠簋者有人，臣不敢与焉。"公曰："移于司马穰苴之家。"前驱报闾曰："君至。"司马穰苴介胄操戟立于门曰："诸侯得微有兵乎？大臣得微有叛者乎？君何为非时而夜辱？"公曰："酒醴之味，金石之声，愿与夫子乐之。"对曰："夫布荐席，陈簠簋者有人，臣不敢与焉。"公曰："移于梁丘据之家。"前驱报闾曰："君至。"梁丘据左操瑟，右挈竽，行歌而至，公曰："乐哉! 今夕吾饮酒也, 微彼二子者何以治吾国! 微此一臣者何以乐吾身! 贤圣之君皆有益友, 无偷乐之臣。"景公弗能及, 故两用之, 仅得不亡。(《说苑》正谏)

真实事件发生在公元前六世纪。景公虽算不上何等英明的君主, 但是在晏子这样的名臣辅佐下, 当时江山也算稳固。晏婴和司马穰苴对君主的亲自邀请丝毫不感兴趣, 甚至表现得颇为冷淡。但是, 如果连他们都随心所欲地去参加宴会, 国家的管理就会出现缺口。确实, 像晏婴等表述的那样, 国家会因此面临危机。这个问题, 景公也心知肚明。但是君主也是人, 也需要快乐。此时他找梁丘据这样的人一起喝酒, 便心满意足了。在这则故事中, 君臣相互信赖, 臣下不惧怕君主, 臣下为了国家恪尽职守, 因此他们这样做是没问题的。《韩非子》出现在这个事件(春秋时期)的 300 年后, 当时正是战国时期, 天下更为动荡。当时的君臣关系极为冷漠, 只会让人觉得痛心。《韩非子》中有如下内容:

"人主者, 守法责成以立功者也。闻有吏虽乱而有独善之民, 不闻有乱民而有独治之吏, 故明主治吏不治民。"(《韩非子·外储说·右下》)

官吏负责直接接触民众,君主负责指导官吏。君主要治民,首先要治官。而且,民众对于官界的印象取决于官吏对待他们的态度。举一个不太恰当的例子,如果群众对政府部门抱有不满,原因不会是总理大臣采取了不合适的国策,而是因为对直接窗口的工作人员感到不满。如何教育官吏,是君主的重要课题。

君臣上下等级分明,君贵臣轻。但是,即便如此也不允许君主对臣下胡来。在此引用《孟子·滕文公上》的一段文字进行说明。

> "父子有亲,君臣有义,夫妇有别,长幼有叙,朋友有信。"

父子之间有骨肉之亲,君臣之间有礼义之道,夫妻之间有男女之别,老少之间有尊卑之序,朋友之间有诚信之德。其他关系暂且不提,君臣之间有应尽之道,因此必须互相尊重。《孟子·离娄中》还有这样的表述:

> "孟子告齐宣王曰:'君之视臣如手足,则臣视君如腹心;君之视臣如犬马,则臣视君如国人;君之视臣如土芥,则臣视君如寇雠。'"

君主若能信赖并尊重臣下，则臣下也会视君主为腹心；君主若视臣下为草芥，则臣下也会将他看作仇人。信赖是互相的，并不是单方面索取得来的。特别是君主宣称自己要任用贤能时，君主很谦逊，甚至卑躬屈膝。举个例子，《三国志》中便有刘备三顾茅庐的故事。光靠君主颐指气使地传唤，贤臣并不会主动来到身边。

明朝洪武帝朱元璋出身贫寒，遭受过官吏的霸行。他登基后，致力于对官吏的严格管控，绝不放过任何一个犯错误的官吏。当时的刑罚，甚至到了残忍暴戾的程度，所以会发生一些极端的故事。比如，有的官吏早晨上班之前举起水杯与家人告别，如果能顺利下班，回家之后就会与家人共同庆祝他"又多活了一天"。这样的刑罚会大大降低臣下的积极性。实际上也有很多有名的人才拒绝做官，原因跟这种行政水平低下也有关。臣下练子宁对君主直言道："陛下以区区小过，纵无穷之诛，何以为治？"（《二十二史箚记》赵翼"明初文人多不仕"中有数例）确实如此，这样做会使臣下感到压抑而不能发挥能力。

孔子也有名言：

"笃信好学，守死善道。危邦不入，乱邦不居。天下有道则见，无道则隐。邦有道，贫且贱焉，耻也；邦无道，

富且贵焉，耻也。"(《论语·泰伯》)

孔子认为，若政治无道则官可不仕（也不该仕）。臣下有权选择从命的对象。这样看来，君主有义务为吸引贤臣而谨慎行事，需要具备人格魅力。臣下也有责任为实现天下之"道"而鞠躬尽瘁。但是没有尽到这样的责任的，便会酿成悲剧。

基本工资很低

再次回到从政动机的话题。我们能理解人们为了追求金钱和权力去做官，很容易想象，做官之后具备权力发挥"朝廷的威严"。那么官吏是怎样获得金钱的呢？过去做官会赚很多钱吗？答案一定是："当然！"但是一定要附加一句，"那并不是因为基本工资高"。也就是说，官吏的基本收入令人颇感意外，实际上是非常低的。

比如说，北宋时期，领导变法运动的王安石当时还是地方官员，我们来看看他的俸禄（平田茂树《科举与官僚制》）。他当时担任知县，即一县之长，收入只有三十贯。那么支出多少呢？民以食为天，首先我们看一看他的伙食费。当时主食一般是谷类和米，每人每天要消耗一升（3.675合）。以北宋的标准米价计算，一升要花费 6～7 钱。则一个月每人会消耗 180～210 钱。当然，光吃米还不够，还要吃副食，如果按照每天 10 钱计算（当时军队的副食经费为 10 钱），一个月在副食上支出为 300 钱。如此算来，每人每月的伙食费总计为 480 ～ 510 钱。当然，这只是最低消费水平。并且，王安石并非孑然一身，他还有家人要养活，还要考虑到接济亲戚的情况。不仅如此，他还需要佣人料理家务。他毕竟算是行政官员，因此还要配备一个秘书辅助他的工作。如果再加上吃闲饭的食客，王安石应该要供养 20 人到 30 人。这样每月的伙食费开销少则 9 贯 600 文，多则 15 贯 300 文（1 贯等于 1000 文）。这些开销就已经占了月薪的三分之一到二分之一，王安石家的恩格尔系数相当高。如果想要提高伙食的质量，则花销会更多。光是填饱肚子就已经要花掉不少收入。

苏东坡

由于反对王安石变法，苏东坡曾被贬黄州。他描述自己当时的生活状态时说道："初到黄，廪入既绝，人口不少，私甚忧之。但痛自节俭，日用不得过百五十，每月朔便取四千五百钱，断为三十块，持屋梁上，平旦用画叉挑取一块，即藏去叉；仍以大竹筒别贮用不尽者，以待宾客。"此时，苏轼是被流放至黄州的，因此生活上应该更为拮据。但是竟然已经到了如此地步，整个家族每个月花费 4 贯500 文都难支付得起。家中人再多一些的话就更严重了。知县是最低级的官阶，官阶越高，家里要供养的人员则越多，少则数十人，多则数百人。这样一来，基本上只靠官饷甚至难以糊口。

生活中除了一日三餐，还要买服饰，此外还有文娱生活，还要人际交往，这些费用也不容小觑（吝啬会遭到唾弃）。不算奢靡的生活，每个月少说也需要支出 100 贯。很明显，官吏只靠俸禄将难以营生。这种情况不只存在于宋朝，历朝历代的官吏都面临同样的问题。清朝一位总督名为李卫，生活俭朴，伙食要靠属地民众支援。即便如此，每年仍需支出 6000 两生活费。然而总督（从一品）的俸禄只有 180 两白银，收入和支出严重失衡（佐伯富《清代预借养廉银研究》）。如果做官只靠基本收入，生活将贫困到难以为继，这样不可能会有人想从政做官。

当然，官吏的收入不仅靠工资，额外收入也不会低于基本工资。

额外收入的形式

基本俸禄之外，都有哪些收入来源呢？官吏的额外收入，并非都是不正当收入（出于无奈）。有些额外收入，是经过官方认可的。到底都有哪些方式的收入呢？在此引用宫崎市定对宋朝事例的研究举例说明（宫崎市定《以胥吏储备为中心的研究》《宋代士风》）。

首先，从节流方式说起。这种方式的收入并非赚来的，而是节省出来的。现代社会也常有类似的事情，即使用公物或挪用公款。地方政府的衙门设有公使库（公用仓库），负责收支公使钱及掌管公用银器什物，有的地方官吏离职后便会偷偷带走这些物品，这些有很多用途，可以自用，也可以卖了变现。这当然属于不正当的犯罪行为。公使钱的用途是修缮衙门、置办日常用品、酿酒以供长官招待下属或宾客时使用。然而，通常情况下，这些钱不会用于以上的正途，基本上会被长官们私吞。宴会经费则多用来招待地位卑微的人。还存在另一种情况，有的官员不会私吞公使钱，他们按照规定举办豪华宴会，酒菜铺张。并且，这些官员十分乐于举办这种宴会。宋代文人苏东坡对这种现象的评价十分到位（出处同上，宫崎市定引用的"东坡奏议"）。

> "士大夫捐亲戚，弃坟墓，以从官於四方者，用力之馀，亦欲取乐，此人之至情也。若雕弊太甚，厨传萧然，则似危邦之陋风，恐非太平之盛观。"

苏东坡一生自由奔放，这段话也是他的名句。苏东坡是一个美食家，东坡肉就是他被贬南方时发明的。据说，他认为当地猪肉做法不够别出心裁，他的方法是把猪肉切成块来炖。但是，无论他作为文人留下多少名作，作为官吏的他如果以如此心境身居要职的话，百姓都应该无法接受。但是东坡能够直抒胸臆还是很高尚的，大多数人只会缄默不言，或者表面上伪装成正人君子，背后做一些见不得人的丑事。

上述手段只是冰山一角，官吏赚钱的手段远不止于此。并且，这还只是小伎俩。上文讲过宴会相关的问题，在此顺便补充一些官吏的人际交往问题。地方长官一定有很多下属，他们会努力赢得上司的欢心。最重要也是最有效的方法就是送礼，但是他们会以堂而皇之的理由送礼，掩盖住赤裸裸的贿赂，这种做法对双方都有利。

并且，送礼的名头数不胜数。其一，可以在葬礼上送祭品，即赙赠。上司父母去世当然可以送礼。还有在上司本人去世时送礼的，这样一来这份财产就会被其妻儿继承。古时候的赙赠花费相当高，但是这种机会不常有。况且，若是上司去世，即便送礼，今后也无望得到提拔。所以，这对下属来说毫无意义。对去世的上司来说，也是无法享用的礼物。后来这个风俗便不再流行了。从送礼的角度来看，也是必然的。

更好的送礼理由，是上司上任和离职时，以及送生日贺礼。上任时送礼的寓意想必大家都懂。离职之后虽然与上司分别，但是并不意味着今后不会再有瓜葛，礼仍要送。如果上司升官，这份礼物的作用，就是提醒上司不要忘记自己这个下属，届时也要多费心提拔他。生日礼物也是下属对上司祝贺，当然这份贺礼的意图并不仅限于祝寿。总之，从上司的角度来看是这样的。以下为宫崎市定在其著作中引用的《该闻录》的一段故事，该书作者是宋朝的李畋。

> "开宝中，神泉令张某者，新到官，外以廉洁自矜，内则贪黩自奉。一日，自榜县门口：'某月某日是知县生日，示谕门外与给使诸色人，不得辄有献送。'有一曹吏，与众议曰：'宰君明言生辰日，意令我辈知也，言'不得送'，是谦也。'众曰：'然。'至日，各持缣献之，命曰'续寿衣'，宰一无所拒，感领而已。复告之曰：'后月某日，是县君生（县令夫人的生日），更莫将来。'"

上述例子的内容不难理解，描述了表面上以廉洁自矜，内心却充满着贪欲的官吏。明朝冯梦龙的著作《笑府》中，有一则与之类似的故事。

> "官府生辰。吏曹闻其属鼠。酿黄金铸一鼠为寿。官喜曰：'汝知奶奶生辰亦在日下乎？奶奶是属牛的。'"

即使长官想要一个如实物一般大小的金牛，其下属也做不到。不知以上两段故事是否属实，从阿谀奉承的角度来看，其对象不仅包括长官本人，还包括长官夫人。现在，只要能够表示心意，什么样的礼物都会使人欢喜。但是当时可并非如此，礼物必须具备可以直接成为财产的价值。虽然有些讽刺，但是礼物越值钱，就显得心意越诚恳。

下属只有察觉到上司有意收礼才会送礼。一般是下属自愿送礼，不会强制要求送礼。因此，送礼的习惯作为人际交往的方式，已经根深蒂固。此中表达的心意，并非对一个人品德的赞扬或纯粹的祝寿。送长官礼物并不是看在他这个人，而实际是长官的职位。自不待言，两者个人之间的交情并不深。

行文至此，已经讲述了一些官吏赚取外快的方法，但以上这些，还都是雕虫小技，最赚钱的方式还在别处，大多关系到官吏负责的最重要的行政工作——征税。

惊人的"耗羡"

很容易想象，负责征税的官吏谋取利益的方法。即征收比规定额度更高的税，将多出的部分中饱私囊。以前在中国，征税一般都会高于原定的额度。这种做法究竟为何会得到官方的认可呢？道理极其简单。比如，谷物装在草袋中，运输途中免不了有遗撒。此外，储存在仓库中，还会被老鼠吃掉。所以官方要事先预估损耗部分，征税时作为附加税征收。因此，民众本来需要上缴60千克大米，但地方政府考虑到运输途中的损耗，便规定民众多准备两成，上缴72千克。这种附加税的专业名称为耗羡。对于征税官吏来说，这个理由没有什么过分之处，很说得过去。但从民众角度来看，谷物遗漏、鼠害与自己并无关系。实际上，官府却将责任转嫁到了民众身上，因此，理由很难说是正当的。最大的问题是，谷物到底会损耗多少，官方对这个根本性问题并未给出明确的依据，便随心所欲规定加征比例。

随着时间流逝，中国征税制度由征收实物变为征收货币。大约在十六世纪中叶，明朝后期实行一条鞭法，规定将所有税种统一征收为银两。那么，这种情况下该怎样计算耗羡呢？银子装在草袋中不会遗漏，更不会被老鼠吃掉。征收谷物时的损耗，不再适用于白银。难道征收银两，就不会以耗羡为由加征税款了？实则不然，银子的耗羡极大。下文将引用安部健夫的研究"耗羡提解研究"（《清代史研究》），解释这一问题。

白银在今天也属于贵金属，目前（2004年9月13日）银价约为24～27日元1克（以30千克所需单位价格计算）。银锭（马蹄形状的马蹄银）价值颇高，不是普通人可以轻易使用的。不难想象，如果白银成为日常交易的货币，将会造成多大困扰。额度越小的银保管起来越费心思。比米粒还小的碎银子很容易

银锭　图为明朝银锭，由征收的碎银铸成，上面刻有征税的地点、重量、税种。（出处：中国历史博物馆编《华夏之道　第四册》，朝华出版社，1997年，日文版）

丢失，而且其中难免掺假。但是，相比铁币和铜币，银更便于携带和储存。古人付钱时，常常用白银（《水浒传》中一个常见的场景就是人们出门之前在怀中放些银子）。人们可以按照实际所需，将白银切削、打碎。切片和碎银也可以在市场流通。但是这种形状不大方便流通，所以需要使交易的银子有足够的重量，这就是问题所在。

也就是说，按照需求切分银块的时候，一定会产生碎屑残渣，多少会造成损耗。将零碎的银集中在一起熔铸，银会附着在熔化它的容器上，还是会产生损耗。这样一来，便理解了，征收银两也会与征收谷物一样产生损耗。征税时，官吏会将银在熔铸过程中产生的损耗考虑在内，将其称为火耗，损耗的部分以附加税的形式征收。

安部指出，损耗纯属熔铸过程中的技术性问题，并且实际上只会产生0.2%～0.3%的损耗（靳辅计算，清朝康熙年间人物）。然而，当时附加税比例达到百分之几甚至 10% 以上。很明显，火耗绝不可能如此严重。多征收的部分，当然会被负责的官吏私吞。这堪称绝妙的赚钱手段。附加税的比例，由各地长官自行决定。各地若因此产生严重纠纷，朝廷会出面解决。虽然中央也会烦恼于附加税的乱象，但一般情况下，多视而不见。毕竟火耗是加税的正当理由，完全不添加附加税也是不可行的。关键是官方无法制定精准的附加税额（因为银的性质），所以官吏以此办法谋取利益堪称天衣无缝。

三年清知府　十万雪花银

凭借税收中饱私囊，对官吏来说不费吹灰之力。官吏将朝廷规定的税收上缴到中央，多余的部分自然不会返回到纳税人手中，结果会由官吏平分。即使附加税很少，但积少成多，最终总额也非常庞大。不难想象，如果征收大额附加税，官吏将会获得多少收入。

征税过程不可能只涉及个别人。州或县的长官不会挨家挨户收税，况且他们通常不熟悉这些实际工作。实际上，处理这类工作的人是胥吏，他们会"灵活"处理。所以，税收不会被长官一人私吞，胥吏也不会同意。官吏因此不得不从税收中扣除相应的份额分给胥吏。没有胥吏的协助，官吏的业绩便无从提升。过去，不允许官吏到家乡任职（避嫌制度），他们一般会被分配到远离家乡的地方。甚至，不乏出现地方官与当地居民语言不通的情况。这种情况下，居民和官吏之间的实际工作由长官雇用的当地胥吏负责。胥吏基本不属于"官"，无法领取官府发放的俸禄。他们所从事的业务，对应不同的手续费，这就是他们的收入来源。胥吏的职责虽并不重大，但实际工作不得不由他们完成。官吏只有和胥吏形成合作关系，其政绩才会提高。如果政绩平平，那么官吏便有可能面临降职、免职、处罚的风险。一般来说，官吏任职地点几年都不会更换一次。如果官吏主张善政和廉洁，提议处治附加税相关的不法行为，他们自己的地位便会受到牵连。所以他们从未想过改善这一现象。所有官吏都会这样做，又能从中谋取利益，何乐而不为？

以上对官吏的额外收入做了简单的介绍。做官是何等赚钱的工作，由此可见一斑。他们谋取利益靠的不是基本俸禄，而是职权。"三年清知府，十万雪花银"，这句谚语大意是"做官三年，不做什么贪赃枉法的事情，只是做一个普通的地方长官，便可谋取大量财富，可供三代安居乐业"。当时，做官这棵"摇钱树"的规模，远超我们的想象。

明朝有一个官吏名为严嵩（1480—1567），其经历会令我们咋舌。通过他的案例，可以体会到官吏收入之庞大。严嵩处于权力中枢，他毫不掩饰心中的贪念，享尽了荣华富贵。嘉靖帝在位期间，他通过阿谀奉承赢得了皇帝的宠幸，利用职权胡作非为。据说他按照行贿额度的大小安排人事。但是，由于对其不满的声音此起彼伏，其中不乏咒骂和指责的声音，最后被朝廷免职，并没收财产。有趣的是，他的财产目录流传至今，记载在《天水冰山录》中，作者不详。书中详细记载着严嵩的全部家产，包括财产、房产、土地，极为震撼。书中将他的财产分类计算，包括金银珠宝等贵金属，以及锦、绢、纱等丝织品，古董、乐器、砚、青铜器、书籍、绘画等，还有车、家具、房产、田地、宅第等，规模之大令人叹为观止。最近几年出版的《中国历代贪官传》（国际文化出版公司），作者为颜吉鹤等，书中159～250页记载了严嵩的家产，竟然共有92页，光是这一部分就占据整本书的三分之一以上（因此，这本书可以称为著作吗？另外，其中引用的资料也存在些许错误）。

举几个例子。首先说现金。从铸币以及铸币原料算起，锭金450锭（重4337两7钱），每两算作37克（两是重量单位，明朝一两约为37克），则共计160千克。光看这一数字并没有实际意义（因为物价本身是相对的），如果将全部锭金折合为现在的价格，以今天（2004年8月13日）的市价来计算，1克约为1440～1540日元，这样算下来就已经超过了2亿3千万日元。更何况，他家产中的黄金不仅有铸币及铸币原料，还有大量的器皿、杯、盘、碗、壶等容器。纯金器皿总计3185件，重11033余两，以同样的方法换算成今天的金价，便是5亿

8700 万日元以上（如果是艺术品，价值会更高）。财产目录第一项的黄金，其总价值就超过了 8 亿日元。

接下来看一看家产中的白银。首先没有做成铸币的银（称量货币）有 2013478 余两，以同样的方法换算成当今银价，则为 18 亿 1000 万日元。其次是银制器皿、杯、盘、碗、壶等容器共计 1649 件，重 13357 余两。也就是说，严嵩的家产中光是金银就价值 26 亿日元。当然他的家产不止这些，他还收藏大量书画古董，价值连城。用现代人的说法，严嵩称得上亿万富翁（如果考虑到物价比例，其财产更为庞大）。如此庞大的家产靠的不是俸禄和补贴赚取的，而是因为他无止境的贪欲和不择手段的敛财之道。他的庞大家产也足以说明，有无数人想用金钱换取他权力保护伞下的一席之地（也说明了这种方法是多么有效）。

还有一个人的经历，可以在此举例。此人是清朝乾隆时期的大臣和珅（？—1799）。他是满洲人，出身贫寒。后来崭露头角，位极人臣。而且他的儿子成了皇婿（与公主结婚）。他蛮横无比，因此遭到很多非难，乾隆帝（退位后称为乾隆太上皇）驾崩后，和珅失去靠山，越来越多的人想要弹劾他，最后嘉庆帝宣布他犯下二十项大罪，赐其自尽并没收家产。这二十项罪名中，第十七项开始为财产相关内容，"夹墙藏金二万六千馀两，私库藏金六千馀两，地窖埋银三百馀万两，大罪十八"（《清史稿・和珅传》)。如果按照上述方式计算，黄金价值约为17亿日元，白银价值约27亿日元。

但是，这只是和珅家产的一部分。有趣的是，和珅的二十项罪状中最后一项是"家奴刘全家产至二十馀万，并有大珍珠手串"。和珅家的佣人刘全的个人财产高达二十余万两，且有珍贵的珠宝首饰，这也归罪于和珅。区区佣人，都拥有万贯家财，当然是因为他的主人和珅作威作福，所以皇帝并没有冤枉他。值得注意的一点是，和珅的佣人拥有二十多万两家产，那么和珅的家产当然远远超过二十万两。但这一点，没有在他的家产目录中得到验证。

高级别官员享尽荣华富贵，这是人尽皆知的。现在人们的股权或存款无须存放在家里。但在过去，人们只能把财产放在家中。暂且不提金银，书画古董、书籍、日常用具、装饰品的储存等都需要专门场所。因此，当时富豪的宅邸面积都相当大。见到巨大的宅邸，外人立刻就知道这是一户有钱人家，一家之主也非常享受这种艳羡的目光。

在此简单提一句，官吏此外还拥有很多特权。第一，可以免除（这一说法令人难以理解）在规定税额基础上加征的附加税。第二，如果身为重臣，他的子嗣也有权做官，这种做法称为荫子。实行科举制度之后，官位的世袭制得到了禁止。但官员儿子的仕途仍可得到保障。以北宋为例，有的官员孩子不到年纪便得到了官位。当然，未来发展还是要靠他自己。官吏是为君主工作的，因此这些特权算作君主的赏赐。

综上所述，官吏虽自诩"为天下而仕"，实际上他们做官的目的是从天下谋取大量利益。当然，官吏也不是志愿者，他们的工作也并非慈善活动，他们没有理由劳而无获。但是滥用职权无法原谅，这违背了他们"为天下"的初衷。其结果，可谓本末倒置。况且官吏的靠山是人们无法触及的最高权力者，即君主。因此，官吏狐假虎威行使特权的习惯，已经根深蒂固。

第七章
对"官"的憧憬与厌恶

成为官吏的方法（一）

由上文可知，官吏通过榨取百姓，谋取利益。他们对民众来说，应该是敌人才对。那么民众对官吏恨之入骨吗？实际上并不一定如此。民众甚至对做官充满憧憬。

如果被榨取的民众认识到自己是受害者，用善与恶评价官吏的话，这些利欲熏心的官吏当然属于大恶人。但是如果把这种认知放到一边，官吏的形象就会发生翻天覆地的变化。首先，做官可以谋取大量收入。光这一点，就十分诱人。如前文表述，官吏外出时，会敲锣打鼓开路，还有百姓们尊敬的目光，偶尔还可以动用足以令他人感到畏惧的权力。因此，也并非无法理解，为何大家都想方设法做官。

那么接下来的问题就是，如何走上仕途？怎样才能达到位高权重？换一种提问方法，就是官吏选拔制度是如何形成的呢？纵览中国历史长河，我们可以科举制度为基准试析这个问题，这样便于找到问题的答案。

科举是中国选拔高等文官的考试（实际上也有选拔武官的科举考试，但是相关研究极少）。众所周知，科举考试的通过率极低。关于科举，宫崎市定的著作《科举史》中有详细记载，内容囊括备考、考试内容以及合格后的相关问题。详细内容，请参考宫崎氏的两部著作。本文只对科举的几个特点进行论述，内容如下。

（1）科举属于考试。意思是说，在科举制度中，招聘方会设定用人标准，考试合格后才能被录取。这与世袭的官位，在概念上截然不同。并且，科举中即使考生有推荐人，考官也不会（相信推荐人）直接将其录用。从此意义上来看，可以说雇用方的主体性在科举中占举足轻重的地位。此外，下文也会涉及这一点，科举可以称作万里挑一的考试，所以合格的考生一定会获得相应的待遇。在考试的整个过程中，考试合格后会得到什么待遇尤为重要。因此，考试主办方在该制度构建中承担着重大的责任。

（2）原则上，所有人都可以申请参加考试。有几种百姓不具备申请考试的资格。女性和从事卑贱职业的人（如经营卖淫场所的人、艺人等)，其他男性皆可参加考试。科举制度实行前，比如在推选官吏的制度下，若没有推荐人，即便挤破了头，也无法做官。但是，科举可以保证考生按照自己的意愿走上仕途（当然要合格才能做官）。朝廷通过科举敞开了一扇大门，平民百姓便可通过努力走进这扇门，享受荣华富贵。这也是改变平民出身的一个思路。官和民的身份地位确实存在差异，但是民众并不会拒绝向官界的流动，他们对做官持积极态度。

科举始设于公元 600 年前后的隋朝时期，直到 1905 年清朝决定废除该制度，前后共持续了 1300 年左右。作为一种选官制度，科举的意义极其重大。因此，科举可以作为时代划分的标志。比如可分为科举以前和科举以后，管理选拔的制度也可以分为科举制度和科举以外的制度。人类彼此间的理解和认知是一个社会形成的基础，承认（甚至是追求）官民身份之间的流动，这种想法和倾向关乎人类之间的理解。正因为如此，科举才具有如此重要的地位。

但是，虽说科举为所有人提供了出人头地的机会。但是，由于其极低的合格率，这条路也并不平坦。

进士科为科举考试的各科之首，虽然官方公布了考试范围是儒家五经，但是要想通过考试，几乎需要将五部经典倒背如流。在此引用宫崎市定的研究数字，四书五经共 431286 字（宫崎《科举史·备考》）。如果用每页 400 字的稿纸做比喻，每一页都写满的话要用掉 1080 张纸，这是非常惊人的字数。所以，利用工作之余备考，是无望被录取的。一个家庭若有一个年富力强的男子参加考试，这户人家需要具备相应的财力，科考并非平坦的成功路。

而且，科举考试中，一次考中的几率又极低。原则上科举考试每三年举办一次，若不幸屡试屡败，则会耗尽青春。因此，四五十岁仍在备考的人也并不罕见（当然他们一直处于无业状态）。有的人甚至年至古稀仍在备考，实际上这把年纪的人即使通过了考试，官府也不会分配实际职位给他（当时大致退休年龄为 70 岁）。这样一来，这类人追求的目标，只剩名誉。科举的试题范围为儒家经典，题目基本属于学术问题。其内容与现实中的治国理政相差甚远，不会对事务性工作能力进行考察，所以录取的人几乎都不具备政治能力。当时人们也认识到了科举制度的这一个弊端，这也是科举制度走向末路的原因。那么一开始为何会将考试范围规定为五经呢？为什么朝廷要考察与实际的行政工作相差悬殊的学术问题呢？

解答这一问题需要回顾前文所述的内容。第一，当时的政治与今天不同。在此也一并回答第四章提出过的问题。通过前文提到的丙吉和陈平的故事，我们已经了解到，过去的政治家肩负调节四季变化和自然规律的责任。而今天的"行政"官员，负责的是人类生活的具体问题。我们必须明确两者在这方面是不同的。第二，儒家经典中记载的是，圣人对世界构成及理想状态的解读。人们认为儒家经典记录的是真理，因此只有熟读并精通四书五经的人才有资格从政。如果科考合格后成为高级官员，官府本来就不会分配给他们繁杂的事务性工作，不会让他们为了小事忙碌。在外界看来，他们精通圣贤思想，具备充分的品德，这是民众美好的期待。他们用高尚的品德就可以教化世人（甚至改变自然），天下便会风调雨顺、万事如意。这正是中国人所谓的德治政治。高级官员不需要处理堆积如山的文件，不用从早到晚被公务缠身。从来就没有人期望他们从事这些工作，人们期待他们发挥更为高尚和根本性的作用。所以，只有现代人才会认为考生不具备实际工作能力是科举考试的弊端，如果我们能理解当时的政治生态与今天大相径庭，便会理解科举的基本特征。

通过前文所述官员的家产不难看出，熟读儒家经典的官吏最后完全辜负了以上的美好期待。家缠万贯的严嵩，也是考中科举的一员（弘治十八年进士）。据说他一表人才，连说话的声音都很动听。科举出身的官员如何在朝廷犯下无数罪行，这可以在宋朝的朋党之争中得到充分体现。还有当时的新旧党之争，在此就不赘述了。

儒家经典的内容

接下来简单介绍一下被列为科举考试范围的儒家经典。在日本，四书五经是无人不知的经典书籍。但是，恐怕除了专家学者以外，一般人不会购买这些经典。估计很少有人能回答出四书五经指的是哪些书。那么首先介绍一下书名，为大家普及一下高中《世界史》的知识。

四书：《论语》《孟子》《大学》《中庸》

五经：《诗经》《书经》《易经》《春秋》《礼记》

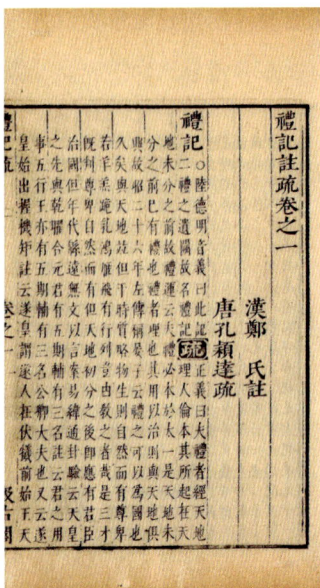

《礼记注疏》

以上经典皆著成于公元前，毋庸置疑，这些著作都是不折不扣的古籍。形式上共计九本书，实则不然。因为《大学》《中庸》本是《礼记》的一部分，后独立成书。人们认为五经内容繁杂，于是宋代又整理出四书，自从朱熹整理的《四书集注》问世后，四书便开始受到科举的高度重视。

接下来对四书五经的内容进行说明。以下内容为简单的摘要，读者只需了解各书的风格即可。从五经开始讲起。

《诗经》为中国古代诗歌总集，共收集 300 首左右的诗歌，长短不一，内容各异。在内容上分为风、雅、颂三部分。其中，国风占总数的一半左右，取材于各地民谣；雅与颂两部分与宫廷生活相关。有人提出孔子删诗说，他们认为《诗经》由孔子删减编辑而成。孔子评价《诗经》为"思无邪"(《论语·为政》)，另外其子伯鱼评价为"不学诗，无以言"(不学诗经，则无法正确表达语言)(《论语·季氏》)。诗经中有很多爱情诗，其中《氓》讲的是一女子被旅途中的商人吸引最后被遗弃的故事，诗经中有很多类似这种描写女子哀婉情感的诗歌。

《书经》又称《尚书》，是对古代君王言论的记载。内容为君王任命臣下时的言论以及临战前的宣言。古代圣王每一次圣德，都会被记录下来。书中有些文字极其古老，其形式及表达方式与西周时期的青铜器铭文（金文）相同，因此这本书也以难于阅读著称。然而，书中包括很多后人仿作的内容，因此很难判断该书作为研究资料的价值。该书著成后，孔子对其进行整理并作序（《史记·孔子世家》）。

《易经》是一本占卜用书。与今天使用卜签进行的占卜相类似。占卜可有效预测未来的吉凶，可预测政治、人生，世间一切事物的未来皆可通过占卜预测。书中阐明了世界结构及其变化原理。暮年的孔子对《易经》爱不释手，编连书籍的皮绳（当时在木简或竹简上写字，并用皮绳编连起来）断过三次（韦编三绝出于此处，意为刻苦治学）。孔子后期也撰写了与易经相关的作品（《史记·孔子世家》）。

《春秋》为编年体史书，记录涵盖公元前722年到前481年。可能读者会先入为主地认为它不过是简洁的大事年表，记载何年何月发生了何事，但有学者认为书中实际上巧妙地使用文字暗示了道德层面的评价（这仅仅是学者的想法）。孟子也曾说过《春秋》编辑者为孔子（《春秋》相关研究请参照笔者的拙作《"正史"是如何写成的》）。而且，《春秋》为语言平淡的年表，如果不参考注释书籍，便无法读懂书中记载的各个事件。《春秋》有三种各具特色的注释书，分别为《春秋左氏传》《春秋公羊传》《春秋谷梁传》。

《礼记》记录了各种礼制和仪礼。内容从葬礼到饮食，可谓包罗万象。另一方面，也有些杂乱无章。更何况，不同时代的礼制会发生变化。比如《曲礼篇》中记载"毋抟饭，毋放饭"。用手抓饭是古代的做法，这一规定在使用勺子和筷子的时代毫无意义。其形式多为孔子与弟子之间的问答，这又是一部与孔子关系密切的著作。附言一句，与礼相关的书籍除《礼记》外，还有《仪礼》《周礼》，不同时代和不同学派认定的礼仪著作各不相同。

传说孔子参与了五经的成书以及编辑工作。五经作为受人尊崇的儒家经典，相比孔子直接参与讨论书中内容的说法，孔子与成书相关的说法更具权威。这是很重要的一个问题。现在的研究成果对孔子参与五经编撰的说法持否定态度，但"历史上一直认为"的说法，有时会影响到人们对史实的认识。

接下来简单介绍一下四书。

《论语》记录的是孔子的言行。孔子死后由其弟子总结、整理而成。该书很受日本人欢迎，应该有不少人，将其视为名言警句的宝库。

《孟子》作者是战国末期的思想家孟轲。他十分尊敬孔子，主张以"仁"政来治理乱世。

《大学》《中庸》原本是《礼记》的一部分，后人尤为重视其中的内容，便从中截取出这两部分。《大学》开篇提出治国理政也要从修身养性开始，主张"修身、齐家、治国、平天下"这一顺序。《中庸》阐述了"中"与"和"的思想。中者，不偏不倚，无过不及之名。和者，是指保持世间万事的协调。书中还强调"诚"的重要性，认为"诚"为天道，也为人道。这两本书都是典型的道德书籍，皆在书中论述了自身品德与其他人、社会、国家有着不可分割的关系。

仅通过以上简单介绍即可认识到，四书五经都是"古典"著作，并不是可以应对瞬息万变的当代社会的实操手册。这些经典，适合执政者用来培养自身修养。通过书中的诗句，他们可以接触美好的感情世界，感受古代君王的圣德，还可以体会圣人阐述的世界结构和原理。这样一来，他们在不断的磨炼中形成"人德"，使他们在站在万人之上时起到引导作用，亦可促进人和，使世间万事有条不紊地发展。德治的一大前提，就是人们对学问及政治的这种理解。只有将圣人流传下来的书籍研读到倒背如流的地步，才能够掌握德，他才有资格从事行政工作。如果从德治的理念来理解，科举当然会将这些经典设定为试题范围。处理实际业务的能力强，如计算或起草公文的速度快，这些不是政治的追求。如果部长的计算能力和行文能力强，他的下属则无用武之地了。部长的职责是维持官场的稳定运转，调动下属的积极性，使各个岗位的人各展所长。秦朝编撰的《吕氏春秋》中写道：

> "宓子贱治单父，弹鸣琴，身不下堂而单父治。巫马期以星出，以星入，日夜不居，以身亲之，而单父亦治。巫马期问其故于宓子。宓子曰：'我之谓任人，子之谓任力。任力者故劳，任人者故逸。'"

《吕氏春秋》编撰者评道：

> "宓子则君子矣，逸四肢，全耳目，平心气，而百官以治义矣，任其数而已矣。巫马期则不然，弊生事精，劳手足，烦教诏，虽治犹未至也。"

宓子贱在工作时弹琴，其部下有条不紊地处理事务，这个场景是否真实并不重要。值得关注的是，过去中国人的思维方式。这个故事中，即使长官没有率领下属一同忙于工作，他们也能在和谐的氛围中各司其职，古人认为这正是君子不可或缺的能力。顺带提一句，宓子贱与巫马期都是孔子的弟子（《史

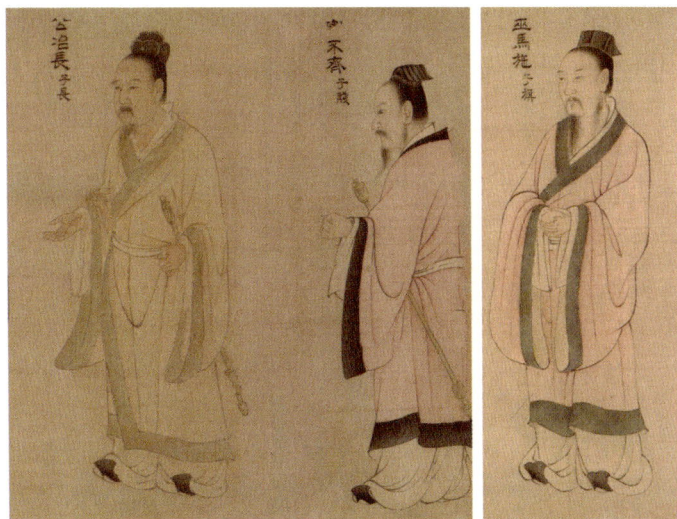

公冶长、宓子贱　　　　　　　　　　巫马施

记·仲尼弟子列传》。但是在列传中巫马期为巫马施）。宓子贱是一位出色的人才，孔子赞赏他说："君子哉若人"（《论语·公冶长》）。

但是，这种观念中，经典和人德之间存在巨大的鸿沟。也就是说，将圣人的教诲"倒背如流"和将其掌握并付诸实践是不同概念，二者之间的差距判若云泥。即使一个人具备应试能力，能够将儒家经典背诵下来，也不见得会成为具备人德的人才。不仅如此，上述例子足以说明，很多官吏为了牟取金钱、权力和名声，最终沦为了贪欲的囚徒。科举的弊害就在于人们没有看到（或者说直接忽视了）学习圣人经典和付诸实践之间的差距。科举的另一个弊害在于，考察方法的不当。科举利用试卷测试考生的人德，并没有在实际生活中考察他的言行。但从古代中国人对政治的理想状态和政治本身的理解来看，科举考试的范围定为儒家经典完全是妥当的。

由于中国追求这种德治政治，发生政治丑闻后，当事人会赔罪说"无德所致"。从这一角度思考，就容易理解了。日本现在的学校、企业和政界并非凭借人德选拔人才，所以发生事故后用这句话谢罪应该是对这一点存在误解。

成为官吏的方法（二）

要想成为万人敬仰的高级官吏，必须通过难度巨大的科举考试。而且科举的难度非同寻常。虽没有确切数字，但据说清朝科举考试的初试阶段，即乡试的合格率不到百分之一，科举的难度由此可见一斑（大木康《明末落榜的知识分子》）。而且科举的最终阶段，即殿试合格的人数只有 200 人到 300 人（全国），这样看来，最终考试合格率可能为万分之一。与今天的高考相比，这个数字也足以让人叹为观止。用日本难度最高的司法考试与之作对比的话，平成 14 年（译者注：2002 年）的合格人数为 1200 人，平成 16 年（译者注：2004 年）为 1500人（计划进一步提高合格率），而科举的最终合格人数只有 200

图为《村童闹学图》。描绘了一所茅屋学堂。老师伏在讲台上睡觉,学生开始在教室与院子里玩耍,此为宋代常见的情景。虽然没有考过科举的人,但学生们学习的景象也是一派祥和(出处:沈从文编著,王予予增补版著,古田真一、栗城延江共译《中国古代服饰研究(增补版)》,京都书院,1995年)

人到 300 人，可见科举的难度是常人所不能及的。

当然，对于考中的人来说，既然已经通过了如此高难度的考试，那么一踏入仕途大多会追求更高的官位。从雇用方，即朝廷的角度来看，选拔高级官吏需要严格把关，毕竟职位不多。但是，地方较低级别的官员所需人数较多。实际上，不是所有的官吏都必须要通过科举最高阶段的考试，即殿试。殿试由皇帝亲自出题，考试中几乎不会出现落选的情况（除非有考生过于不合乎礼法）。殿试之前的阶段为乡试，只要考中便有官可做。但通过乡试的概率也只有不到百分之一。因此，人们也很尊敬考过乡试的举人，认为"举人是天上星辰下凡"。因而，如果考生通过乡试后，参加更高级的城市举办的考试，即使在考试中落选也不会断送前程。可以说，科举在一定程度上是授予从政资格的考试制度。

如果有幸通过科举考试，做了地方长官，便可凭自己的意愿选拔下属。这种情况下，被选中的人可以不用通过科举考试。对辖区了如指掌的当地人，多会被官员选中。也就是说，不论做官之后发展如何、能够赢得多少尊重，只要不追求高级官员的位置，那么即使不通过科举的最高级考试也可以实现梦想。只要成为地方长官的私人智囊，也就是幕僚，就可以享受名誉、金钱、权力。自古沿袭下来的推荐选官制度在科举制度实行之后仍有些许影响力，所以也不一定要通过科举考试成为官吏。

有的人学问颇深，但就是无法通过科举考试，朝廷特招人才的例子也不少见。但是被特招的官吏会遭到异样的眼光看待。明朝著名画家、书法家文徵明就是其中一例。才华横溢的文徵明被朝廷特招后，负责编撰史书。但是，身边的人都嘲笑他没有通过科举考试（《五杂组》卷十五）。过去，如此名满天下的人才也会受到此般对待。由此可见，通过科举的人具备何等威望。

令人惊讶的是，买官也属于合法的官员选拔制度。朝廷制定的制度将买官称为捐纳，将买来的官职称为捐官。这个制度表达的就是字面意思，即用钱买官。但是买来的官分为两种，一种为实职，另一种为名誉上的虚职。

《三国演义》的开篇就讲述了朝廷卖官的故事，大家应该对此有一定印象。真实事件发生在东汉末年，时值灵帝在位的光和元年（178）。《三国志》中写道："（光和元年）初开西邸卖官，自关内侯、虎贲、羽林，入钱各有差。私令左右卖公卿，公千万，卿五百万。"（《三国志·灵帝纪》）

据《山阳公载记》记载（引用了《三国志》的注释），2000 石的官价值 2000 万，400 石即 400 万，西苑专门建一仓库存钱（用薪水来命名官职，2000 石和 400 石指的都是官职。2000 石不论在中央还是地方政府都是不折不扣的高官）。当时买官是真实存在的现象。比如历史人物曹嵩，他花了一亿钱买了太尉的官职（《后汉书·曹嵩传》）。太尉与司徒、司空称为三公，在朝廷中地位极为显赫。在《三国演义》中，曹操被描写成一个彻头彻尾的奸臣，而曹嵩即为其父。

如果用东汉的史实解释，朝廷卖官是解决财政问题的临时性措施。但朝廷中的高级官职也可以卖掉，从统治角度来看，实在太过不负责任。在这种舆论下，买官之人也不会受到世人拥护。有这样一个例子。崔烈在冀州颇具声望，灵帝在位时期，他以五百万买了司徒一职。于是，他的名声急剧下降。

> "烈于是声誉衰减。久之不自安，从容问其子钧曰：'吾居三公，于议者何如？'钧曰：'大人少有英称，历位卿守，论者不谓不当为三公；而今登其位，天下失望。'烈曰：'何为然也？'钧曰：'论者嫌其铜臭。'烈怒，举杖击之。"（《后汉书·崔烈传》）

"铜臭"一词，用来评价买官极为贴切。崔烈或许可以胜任三公的官职，但是他不该用钱买，而应该用正当手段坐到这个位置。崔烈之子崔钧当时为统率禁卫军的中郎将，文中描述他的服装极为华贵。崔烈一天在他身后愤怒地追打他，还骂道："父柎而走，孝乎？"他答道："舜之事父，小杖则受，大杖则走（因为过度体罚也许会被打死——作者注），非不孝也。"崔烈听了这句话后，十分惭愧，便不再追打。这只能说是一幕喜剧。

附言一句，崔烈花费五百万买到司徒的官位之后，进宫面圣时，皇帝对身边的人说："本来是可以卖到一千万的。"可见东汉王朝当时已经病入膏肓了。

发生在东汉时期的卖官之举，据说是因为朝廷财政捉襟见肘才推行的临时性举措，并不是东汉存在这种制度。也就是说，官员选拔制度中并不存在"可以买卖官位"这一条。这一时期，选官制度有察举制和征辟制两种。前者通过推举选拔符合规定标准的人，后者招聘任用特定人选，二者都没有明文规定，官位可以用金钱买卖。这种临时性的官位交易，在之后的历朝历代也时有出现，且东汉以前的西汉也有过实例。

到了明朝和清朝，买卖官职才成为明文规定的制度。并且制度内容极其繁杂，本书篇幅有限，无法在此逐一介绍。在此，笔者只选取清朝的制度，进行简要说明。

以捐官形式交易的官职，分为虚衔和实职两种。虚衔即名义上的头衔，虽然的确是做"官"，但是没有实际职务。那么，为什么还要用金银换取这类官职呢？第四章已经详细介绍，古代官吏并非单纯的职业。做官可以赢得名誉,官位宛如一枚勋章。买官之人，也不是为了解决生计问题。买官者，必须具备相应的财力，他们多为富有的商人。因此，买官的途径向全体国民敞开大门，这对政府的财政收入具有正面意义。买官者可以名正言顺地身穿官服、头戴官帽，走在街上大摇大摆地炫耀一番。

而实职官吏则是另一番景象。实职不会随意卖给民众。主要面向在职官员或通过科举考试的监生、贡生。总之,官职尽管可以买卖,但科举的成绩仍为重要参考。出于种种原因,在职官员如果感觉按照现状无法进一步高升,而他本人若还想平步青云,就可以通过买官走一条捷径。从这类官员的角度来看,他们出于各种理由无法参加更高等级的科举考试,即使是用钱买来更高级别的官职,这对于他们来说,也是何乐而不为了。综上,实职的买卖对象,是那些长久以来为做官而付出努力的人。他们与单纯追求名誉的人尚有不同。这一点,我们倒是可以理解。但是,令人费解的是,监生和贡生这类头衔,有些人也是通过捐纳买到的。也就是说,实职官员归根到底也可以用钱买到。

宫崎市定在他的著作中做了一个有趣的计算,即一个从未涉足官场的平民,如果生在清朝末期,即光绪帝在位(1875—1908)时期。他若想以捐纳的方式成为知县,那么需要花费多少钱呢(宫崎市定《科举史》)?光绪初年,为了尽快得到目标官位,需要捐纳 4671 两白银;而光绪十一年之后,要多出 1400 余两。光绪十三年之后,要再多捐纳 1500 余两(光是多捐纳的部分就达到了 2660 余两)。以前文所述方法换算成今天的银价,光绪初年的 4671 两为 467 万日元,多捐纳的数额为 266 万日元,共计 730 万日元左右。

这一金额似乎不会令我们感到格外高昂。但是,物价不能做绝对参照，只是相对的。因此，笔者判断这一金额的价值大约是现在的十倍左右，即数千万到一亿日元。需要支付金额的多少暂且不论，用钱买到实职的方式的确是合法的。可以说，该制度是本末倒置的无奈之举。在此无暇讨论本与末，但在政府财政状况紧张之际，"舍卒保车"成为现实。这一点，历史上多有例证。如前文所述，宫崎市定所举光绪十一年的案例，之所以追加捐纳金额，其原因是为了填充海军军备，并且解决堤防决口问题。附言一句，袁世凯是清政府被推翻后建立的中华民国的核心人物，也是中华民国初期的反动独裁者（曾复辟帝制）。他就在乡试中落选，捐纳买官后走上了仕途。官职买卖制度造就了如此有影响力的历史人物，因此难以忽视。

东汉时期，买卖顶级官职的行为过于鲁莽。到了清朝，这类行为已不复存在。捐官买到的官职分别为中央政府的在京文官、地方政府的在外文官和在外武官。一般来说，前两种较为重要。官位上至一品下至九品，甚至还有很多不在九品官阶内的官职。清朝的在京文官一般属五品以下，在外文官属四品以下。属于四品在外文官的有知府，五品有知州，七品有知县。由此可以看出，当时地方长官的职位也是可以用钱买到的。这些官员的位置能够带来多大利益，前文已做了充分的阐述。

日本江户时代 狩野雪信绘画《竹林七贤图》

拒绝出仕！

即使买官的代价颇高，但是如果能买到实职，买官行为便可以产生投资效应。这不禁令人想到，如果借钱买官，获得官职之后还债，仍能积累巨额财产，这一点不言自明。所以，买官一举，实则具有巨大的吸引力。

但是，在另一方面，人们认为做官就等同于获得巨额财产。并且，这些财产又不是通过正当劳动获得的。因此，百姓的认知中，都会觉得从政意味着浊化。当然，人人爱钱。但是，过于追求钱财，并且为了揽财而不择手段，这些人难免也会被旁

人嗤之以鼻。

　　"人有问殷中军：'何以将得位而梦棺器，将得财而
梦矢秽？'殷曰：'官本是臭腐，所以将得而梦棺尸；财
本是粪土，所以将得而梦秽污。'时人以为名通。"（《世
说新语·文学》）

　　殷浩（？—356）是东晋人。他引用《庄子·秋水》的典
故，表达了对于做官的看法。其中对财产的解读，则引用了《左

传·僖公二十八年》的语句。古人认为梦的意义十分重大，这一点与现代人不同（《周礼》记录周代的制度，当时有为君王解梦的官位）。殷浩本身也是朝廷高官（后失势），他对官职和财产的看法十分具有讽刺意味。对于出身名门贵族的他来说，这句话也可以套用在他身上。因此，此处还有些自嘲藏在字里行间。如果穷人讲出这句话，人们只会觉得这大概是一种偏见。

也有不少人认为，官场充满凶险，因而拒绝出仕。竹林七贤就是其中的代表。他们是三世纪的阮籍、嵇康、山涛、向秀、刘伶、王戎和阮咸。这七人皆具有强烈的个性，《世说新语》中记载着很多与他们相关的典故。这七人愤世嫉俗，隐匿于人迹罕至的竹林中作乐饮酒，整日"清谈"。但是，他们当中的山涛和王戎却位居朝廷高位，阮籍也是官员，所以从这个意义来看，也不能称他们为隐士（王戎十分吝啬，尤其被视为世俗之人）。山涛向朝廷推荐嵇康接任自己的官位时，一般人都会感恩戴德。但是，嵇康不仅愤而拒之，还提出要与他绝交。在嵇康的著作《与山巨源绝交书》（山涛字巨源）中记载了他拒绝做官的理由。《昭明文选》收录了这部作品，全文很长，笔者只引用他拒绝做官的理由为例。

"朝廷有法，自惟至熟，有必不堪者七，甚不可者二。卧喜晚起，而当关呼之不置，一不堪也。抱琴行吟，弋钩草野，而吏卒守之，不得妄动，二不堪也。危坐一时，痹不得摇，性复多虱，把搔无已，而当裹以章服，揖拜上官，三不堪也。素不便书，又不喜作书，而人间多事，堆案盈机，不相酬答，则犯教伤义，欲自勉强，则不能久，四不堪也。不喜吊丧，而人道以此为重，己未见恕者所怨，至欲见中伤者；虽瞿然自责，然性不可化，欲降心顺俗，则诡故不情，亦终不能获无咎无誉，如此五不堪也。不喜俗人，而当与之共事，或宾客盈坐，鸣声聒耳，嚣尘臭处，千变百伎，在人目前，六不堪也。心不耐烦，而官事鞅掌，机务缠其心，世故繁其虑，七不堪也。又每非汤、武而薄周、孔，在人间不止此事，会显世教所不容，此其甚不可一也。刚肠疾恶，轻肆直言，遇事而发，此甚不可二也。以促中小心之性，统此九患，不有外难，当有内病，宁可久处人间邪？"

他列举的理由并非条条高风亮节，也不都是正当原因。因此，可以断定应该是嵇康的肺腑之言。腿脚麻木和身上有虱这两点（当时人们都长虱子，不仅嵇康如此）暂且不谈，我们可以将嵇康想表达的想法总结为两点：一是他与大众的价值观不同，二是不想被卷入人际交往的麻烦事当中。"无官一身轻"，这样想来我们也可以理解他。当然，嵇康十分清楚当时政界的人际关系和势力分布对他不利，或许这才是嵇康辞官不做的真正理由。当时，嵇康虽逃过一劫，但他自己讲出的缺点最终还是引来了祸患。嵇康招致权贵的愤恨，最终在他人的告发下受到了处罚（后文详述）。

嵇康拒绝出仕，是为了保全自身。还有放弃官位时毫不犹豫之人，原因是天性无欲无求。这样做，只是为了追求恬淡充实的生活。著名诗人陶渊明，就是其中的代表（365—427）。他年轻时，曾任职豫章郡彭泽县令。一天，该郡派遣督邮视察彭泽县。陶渊明的下属嘱咐他穿上官服恭迎督邮。但是，陶渊明从未想过阿谀奉承，也不追求在官场做得风生水起。他感叹道："我不能为五斗米折腰向乡里小人。"之后，立即辞职回乡。《归去来》就是此时所作的一首赋，其词曰："归去来兮，园田荒芜胡不归。"《宋书》中有陶潜传，书中写他"家贫"，所以才不得已出仕，这种说法很有可能是史实。也许他只是"为了生活"才不得已做官的。在陶渊明出生100年前，有一个名叫张翰（生卒年不详）的人，他的故事更加有趣。

"翰因见秋风起，乃思吴中菰菜、莼羹、鲈鱼脍，曰：'人生贵得适志，何能羁宦数千里以要名爵乎！'遂命驾而归。"（《晋书·张翰传》）

当时，张翰得到权贵提拔，因此地位显赫。后人评论，提拔他的官员被杀，所以他便借机逃跑了。这种说法值得商榷。当时有人问他："卿乃可纵适一时，独不为身后名邪？"他回答说："使我有身后名，不如即时一杯酒。"他的自由豁达为时人称赞，因此上文中认为他只是找个借口辞官不做是不准确的。我们大可将他的这种做法视为一种豁达之举。

以上列举的嵇康、陶渊明、张翰三人，都生活在相近的年代，力求在官场的权力之争、杀身之祸中保全自己。这类人即使被朝廷重用并赐予官位，也会拒绝出仕。古代中国的历史上，不乏这样的例子。拒绝出仕的原因有很多，当然，权力之争会直接带来生命危险。但是，我们可以看出，他们内心真正的烦恼在于做官之后的人生再也不会握在自己手中。卑躬屈膝、阿谀奉承、胡作非为，做官之后的人生充斥着为普通黎民百姓憎恶的行为，还要承担各类风险，以此换得功成名就和家财万贯。官场中尽管乱象极多，但是步入官场后，生前被民众敬仰，死后在墓碑上记载功绩，整个家族也会因此受到表彰，这也可以实现《孝经》中提倡的孝道的理想境界。因此，拒绝做官并非一件易事。有人会拒绝做官，以追求自己的人生。但是，古人大多不会否定从政的意义。

第八章
世界成立的理论

"公"处于优势地位的社会

接下来，对第四章到第七章的内容做简要总结。

第四章开头介绍了"天民思想"。"天民思想"即天生民，但是民无法统治自己，所以推选一人作为君主，对民进行统治。这种观念，作为古代的统治架构，支撑着君主制。现代的"国家"概念，并不适用于这一思想体系。世界的统治秩序，表现为天下的君臣秩序。但是，君主不论何等圣明，也无法凭借一人之力治理天下，需要辅佐他的官吏。在德治理念的引导下，君主和官吏以"民父母"的身份执政。天下苍生都生活在这一统治框架之中，无一例外。君主与平民，都会在这一秩序结构中从生到死。

世界的成立，需要君与臣两种要素。那么，世界体制就可以看作"一君万民"的形式。君主存在的意义，是维护世界秩序。作为君主的左膀右臂，大量的官吏为君主分担行政事务。他们也应该属于"君"的范畴之内。如此一来，这便将官吏与民众区分开，将其视作"官"。古人认为，"官"与"民"属于不同阶层。前者具有绝对性的地位和权力。从政治思想出发，虽然民为天所生，但却不具备治理自己的能力。因此，上天选出一颗星宿，使之成为君主。君主站在政界之巅统治民众。上天还要选拔德才兼备的人才，使之成为君主的左膀右臂。他们就是辅佐君主的"官"，这样便形成了固定的统治结构。君主存在于皇宫深处，对民众来说遥不可及。最接近民众生活的，是以地方长官为首的官吏。民众可以亲眼看到官吏出行的队伍，有时还会在衙门见到他们。官吏集权力与名声（还有金钱）于一身，他们受众人敬仰，又为众人畏惧。

古时官吏依托于君主的权威和权力，这是有必要也是有意义的。比如知县的权力并非源于他自身，他不过是被朝廷任用的一员，随时可以被替换。任命他的主体才是权力的源头。"官"的成立，如上所述，是依托于权力主体的。"官"与其背后的君主共同形成了"公"。

归根到底，"公"是一种"天地自然的法则"。先有天，然后生民，为了统治民又出现了君主。二者之间的关系是，民是服务于君主的臣。《诗经·小雅》中有一首诗，名为《北山》，诗中有言："溥天之下，莫非王土；率土之滨，莫非王臣（广袤无垠的普天之下，没有一处不是国君的封土；各处封土的天边尽头，没有一人不是国君的奴仆——作者注）。"此处的"王臣"，并不仅仅意味着在朝廷任职的官员。实际上，这是一首政治讽刺诗，"王臣"在此表示的是黎民百姓。"臣民"这个词语，我们也可以联想到。由此可知，这一说法在很早以前就出现了。"尽君臣之义即是道"（朱熹所云），也就是说，过去人们将君臣关系理解为形成世界的一种"法则"，并认为这是一种超越人类自身行为的体系。

因此，君臣关系并非单纯的政体。日本有内阁，从国民中选拔出来的首相具备最高行政权力，首相统领一切。但是，现代政体与上述内容不可同日而语。今天的首相或总统行使的权力，是选民委托给他们的。国民拥有选举权，他们是被国民选举出来的。国民不过是看中了他们主张的政策或思想，因而投了他们一票。因此，在我们看来，首相或总统不是神也不是天上的星宿。那么，他们的处境如何呢？既然是票选出来的，国民一方面有义务服从首相或总统的管理。同时，也有权对他们提出反对意见。

古代中国的君主制，来源于人们对世界的理解和世界结构的认知，这一点需要读者明确。君主是上天选择的至高无上的人，不需要民的选举，民没有类似的资格。因为民没有治理自己的能力，上天才会为他们挑选一位君主。所以，在超越人类的观念基础之上，君主本身就被默认为是超越凡人的。今天的首相、总统与古代的皇帝、君主之间的差距，绝不仅仅是称呼不同。君主统治民众是一种"自然规律"，世界（天下）成立的结构是上下（贵贱）秩序。不仅在古代中国，君主制的这一特点适用于全世界。由于君主的存在顺应"天地自然的法则"，所以君主以及辅佐他的官吏（既是官又是公）自然要比民众的地位高得多。从上述的世界结构理论来看，这种上下等级关系是绝对存在的，"官"不同于"民"是不容动摇的事实。历史剧中，老百姓会抱怨官吏惨无人道，台词中总会说"同样是人……"这只能说编剧完全没有理解古人对世界的认知，也不了解古代的身份等级制度（或许他们只是在借古讽今）。用今人的眼光回顾历史，会发现很多令我们难以置信的问题。比如，为何会发生如此不符合情理的事情？在发生这类惨剧之前，为何大家都默不作声？古人对"世界结构的认知"已经深入人心，但我们大多数人却未曾理解。这就是我们会产生上述疑问的原因。

君主存在的前提，是一种超越自然的理论。结局自然会产生不平等的上下等级关系。所以，无论君主态度如何友善，民众都不可忘记自身的地位，否则便会招来杀身之祸。

嵇康的罪名

第七章介绍了嵇康拒绝出仕的故事。在此，有必要分析他临终前的一些细节。他提出的拒绝理由，不外乎是在否定官。比如，他无法苟同于大众的价值观。还有，他不想卷入做官之后复杂的人际关系。如果他对官持赞扬的立场，就不会用以上理由拒绝出仕。

后来，嵇康被好友吕安牵连，最终被处以极刑。事情的经过是这样的。吕安的妻子被其兄长吕巽迷奸。吕安十分恼怒，便欲揭发兄长。他找嵇康商量，嵇康听了之后建议他不要轻举妄动，劝他隐忍。但是，吕巽却觉得自己处境危险，便恶人先告状，以殴打母亲的不孝之罪告发了吕安。此时，嵇康为吕安辩护，却被指责为扰乱秩序，蛊惑人心。状告嵇康有罪的人是钟会。嵇康到底犯有何罪？我们来看看钟会的主张：

> "今皇道开明，四海风靡，边鄙无诡随之民，街巷无异口之议。而康上不臣天子，下不事王侯，轻时傲世，不为物用，无益于今，有败于俗。昔太公诛华士，孔子戮少正卯，以其负才乱群惑众也。今不诛康，无以清洁王道。"（《晋阳秋》，引用《世说新语》雅量注）

钟会举了两个例子。第一个是太公的例子。太公是指商末周初的太公望吕尚。太公望受封于齐国，当地有兄弟二人，名为华士和狂矞。二人不臣服天子，不交结诸侯，过着隐士的生活。于是太公望认为他们无益于君主，便将二人杀了（《韩非子·外储说》）。第二个例子，是孔子担任鲁国国相时，以扰乱国政为由杀了少正卯（《史记·孔子世家》）。这两个例子讲的都是历史上受人尊敬的人物以"扰乱国政"为由处死某人的故事。从某种意义上来说，这种处理方式十分残暴。但是，古代的伟人为了维护政道，是不在意是否残暴的。

对于我们今人来说，钟会的说法是毫无道理的，无异于吹毛求疵。他不过是出于担心，害怕嵇康拒绝出仕的高尚姿态会被世人称道。实际上，钟会出身名门，他曾经拜访过嵇康，但受到了冷落，由此伤了自尊。因此，他这样做很可能是出于报复心理。即便如此，这些罪名仍令人难以理解。但是，嵇康违背君主命令的意义，不仅是在反抗行政长官，而且是在反抗维护世界秩序的长官，甚至是反抗世界秩序本身。朝廷及君主制正是建立在这一秩序之上的。因此，朝廷绝不会允许嵇康我行我素。更何况，若是嵇康受到世人的追捧，世界成立的秩序将会受到非议，最终走向坍塌。钟会的理由也是这个道理（不一定是其真实想法）。君主制不会放纵世人在其统治之外，如果允许这样的人，就意味着支撑它的观念会走向灭亡。

沙门不敬王者

嵇康受刑 150 年后，宗教领域又发生了一起事件。当时，一位名为慧远（334—416？）的高僧主张"沙门不敬王者"，招致了朝廷的不满。慧远出生于今天的山西省，幼时学习儒学和老庄，后遁入空门。晚年在庐山修行，从未出过庐山，但仍有众多弟子皈依于他。其中，还包括朝中名士。慧远可谓当时佛教的代表人物。他提出的"沙门不敬王者"是什么样的理论呢？

在此，对其内容进行简要讲解（参考木村英一编《慧远研究》）。

首先，慧远在他的理论中解释了皇帝为何要受到世人崇拜，主旨是：天地的首要功效在于化生万物，而王者通晓万物生长法则，又能治理万物，因此万民崇敬王者的神妙功德，并由衷礼敬王者。

俗家弟子信奉佛法，但在情感和生活方式上与一般人无异。他们也沐浴着君主（皇帝）的教化之德，因此要有敬奉君主之礼。

但是，出家修行的僧人则是世外之人。慧远主张"求宗不由于顺化，则不重运通之资。息患不由于存身，则不贵厚生之益"，"如令一夫全德，则道洽六亲，泽流天下"，所以他认为出家的佛教徒（沙门）"是故内乖天属之重，而不违其孝；外阙奉主之恭，而不失其敬"。

本书第五章开篇有所涉及，政治的一项责任是调节自然与阴阳的平衡，带来四季与阴阳的变化（符合秩序的变化）。民众享受这些变化带来的恩惠，沐浴在君主的恩泽之下。但是，追求极致解脱的出家僧人，脱离了自然和阴阳的变化。他们寻求的是，超脱生死的世界。从这一角度来看，他们与君主的恩泽毫无关系。并且，如果极致解脱得以实现，他们就可以救家人甚至世界于水火之中。倘若这一理论成立，他们将比君主地位更高。因此，慧远主张出家僧人（沙门）可以欠缺对君主的敬意，也不无道理。

自不待言，君主和朝廷必然将慧远的言论视为危险思想。在慧远的理论中，出家僧人不需要君主的恩泽，甚至位居君主之上。他还假设出一个超越君主统治的世界，这无疑是动摇君主制根基的言论。即便是他门下的朝廷要员，也不会支持他的主张。幸运的是，慧远没有像嵇康一样身首异处。但是，他的理论再也没有被公之于世。当时正是六朝时代，儒家地位相对较低，佛教的影响力反而更高。

通过嵇康与慧远的例子，我们对君主制有了简单认识，并对反对君主制的理论有了一定了解。回顾上述内容，即君主制成立的思想观念发源于人们对世界以及世界结构的认知。这并不是单纯的行政手段和统治方式。不论是王还是皇帝，君主君临天下，根本目的是使人们认同这一世界观，并在这个世界观内生活。这一世界观之中，存在不平等与上下之分。所有人被分为有价值和无价值两类。民众在这一框架中被认定为没有价值，君主保护民众是对可怜的弱势群体的"慈爱"。只有君主希望展现自己"圣德"的时候，民众的权利才可能得到认可。基于对以上内容的理解，我们可以发问，未来还会有人选择君主制的世界吗？如果人们认为自身尊严至关重要，那么，我们只能得出否定的答案。

但是，有一点至关重要。即君主制观念以"天地自然的法则"为基础，所有理论根植于这一法则之中。这一制度中，君主处于金字塔的顶端，绝不会容忍嵇康这类对自己视若无睹之人。慧远甚至提出了新的价值观，虚构了新世界，他的处世之道更不会得到认可。对于君主制的拥趸来说，这些观念无疑是他们最为警惕和抵触的。因此，我们便理解为什么无论是大规模叛乱，还是对村级官员的轻微反抗，只要以"下"犯"上"，就会被处以极刑。因为，反抗基层的官吏，就等同于反抗整个现实世界，这就是在否定世界成立的秩序。这样的"下"，绝不会受到"上"的宽恕。黎民百姓之所以会拜倒在君主制面前任劳任怨，就是因为他们服从这种世界秩序。人们认定人生来不平等，世界的秩序存在着等级之分，并且认为自己处于最底层。因此，百姓认为反抗这种秩序，就是大逆不道，因而不敢为之。

我们很有必要，彻底清楚君主制的逻辑。

终章
生于家族，生于社会

本章是对前八章内容的总结，在此与诸位读者一起探讨前文中值得借鉴的思维方式。

本书主题为"人类如何在这个世界上生存下去"。这个问题，适用于当代社会所有的人。我们可以从中国历史中，找出一种答案。古代中国人以何为重？又为此过着怎样的生活？为了找到问题的答案，我们从中国的家与家族出发，开始了探寻之旅。一个人从降生到离世，整个人生是构建在家与家族之上的。经过考察，我们发现，古代的中国人以"气"为媒介，形成了独特的生命观与身体观。并在此基础上，形成了他们的生存方式，最终上升到了国家制度层面。如果按照这个逻辑，就不难理解古典作品的思想与史书中的怪异行为。本书在家族道德中，通过诸多案例，重点论述了"孝"道。

中国的"孝"道，尤为东亚地区所传承与重视。"孝"道适用于所有亲子关系，被视为普世原理，并与今天日本的"孝"有共通之处。但是，如本书所述，中国的"孝"不仅存在于亲子之间，不仅影响到人际关系层面，中国的"孝"基于古代中国独特的生命观与身体观，蕴含着人类从哪里来、该如何生存的答案。也可以解答，人类为何会以现在的身体形态存活于世。

在不同时代与地区，"孝"的内涵是迥然不同的。因此，即便原封不动照搬中国经典中的故事，日本也绝不会形成符合本国国情的"孝"道与亲子关系。同理，囫囵吞枣欧美国家的"孝"道一样不妥。今后，日本应该遵循何种"孝"道呢？我们首先要明确当代日本人有怎样的生命观与身体观。

家族观念支撑着人们的生存，在观察过去中国的各种家族形态的基础上，我们需要对它进行重新思考。现代社会绝不是充满善意的世界。与此相反，当今社会充斥着各种恶意，人们暴露在各种风险当中。在成长过程中，我们都会发现人生的幸福不仅存在于社会中。人们往往认为，只有踏入社会的人才是独当一面的成年人。这种观念根深蒂固（并在积极宣扬），很多人因此被迫卷入社会。我建议不要强迫自己步入社会，应该在家庭这个小单位中寻找自己存在的作用与意义，以此重新思考每一个人存在的理由与尊严。即使一个人无法在社会中找到一席之地，像"植物人"一样无法发挥作用，但是，他与家族之间存在着不可割舍的血缘关系。这一点，就足以证明他生命的意义。一个人是否对社会做出了贡献，他又可以为社会做出多少贡献？有人以此为标准衡量人生价值。持有这种想法的人无疑是在无视个人的尊严，他们只会站在社会的维度看待个人的人生价值。

古代中国人以"气"为媒介，将自己与家和家族贯穿于一体。他们不会有现代人的"孤独"感。在"气"的观念下,一个人降生于世,即可证明他存在的价值。看似每一代人不过是传递"气"的工具,但事实绝非如此。因为这个观念存在一个巨大的前提,即自己虽然只是传递"气"的整个过程中的一个环节,但是独一无二的环节,自身具备的价值也是无法替代的。古代中国人认为,人类生存的意义首先存在于家中,以此为基础形成了独特的生活方式和思维方式。毕竟人生只有一次,我们现代人何不借鉴这种生存方式和思维模式呢?地球上的每一个人,都具备不可替换的价值。若将人与人之间的价值作比较,最后会使人们丧失积极性。然而,古代中国人的观念,能够让人清晰认识到我们对谁来说最重要。并且这个观念并不依靠神佛和超常现象来解释,这可以为当今人类思考人类相关问题提供一种姿态,在这一点上意义重大。不论死后的世界如何,在死亡来临之前,首先我们应该站在现实的角度,过好当下的人生。不论死亡早来还是迟至,都应该使活着的日子具有意义。

这样的人生观,使古代中国人的心很难被统一。革命之父孙中山(1866—1925)曾感叹,中国人是一片散沙,难以凝聚。原因就在于这种人生观。过去,人们都认为自己的生命最重要。

"私"之上的世界为"公",本书对"公"及其作用在"私"以后进行了探究。比如,梳理了君主制的脉络,发现它统筹着个人、家庭与社会,位于万物之上;介绍了与民众生活息息相关且对民众影响力最大的"官"，并重点论述了官吏的诸多形态。"公"或者"官"，并不是政治的权宜之术，也不是统治手段，而是以"天地自然法则"为依据合理存在着。所以，"公"和"官"才会具备强大的威慑力，其存在也坚如磐石。"公"给予"私"的影响，分为正反两方面。理想的美好与现实的丑恶之间，对比非常明显。也许有人认为，笔者只将目光聚焦于官场这一特殊场景。但是，我的初衷是探究价值观的问题。这种价值观产生于社会成立的秩序结构中，笔者的目的是，聚焦一个人在社会中的自我定位以及参与社会的方式。

天生民，于是上天选拔出君主统治民，这种统治思想即使在仁德、慈爱等华美辞藻的伪饰下，现实中的仍旧需要明确贵贱之分，还要巩固稳上治下、扬贵制贱的框架。由于这一观念的基础，是对整个世界的认知，因此影响巨大。

现代社会形成的基础是"人人平等"。但是，我们可以在现实体验中发现，事实并非如此。在人的一生中，都经历过这样的事情。分明责任不在自己，但是出了错仍会受到指责。人与人之间的差别，此时便暴露无遗。人类的优劣之分，存在于"天地自然的法则"中，已经渗透在过去人们的灵魂中。但是，现代社会提倡尊重个人，鼓励每个人发挥自己的潜能。因此，提倡"人人平等"，并且规定相关制度，同时赋予人们相关义务。准确地说，现代社会并不是"人人平等"，而是构建了"人人应该受到平等对待"的理念。这种变化，可谓是极大的进步。平等并不是已有的前提，平等是目标，是应该追求的模式。君主制以贵贱之分将人分为三六九等，这一前提扎根于古代中国的土地上。然而，人生只有一次，每一个人都认为，自己的人生才是最重要的，所以不会赞同这种制度。

前八章内容讲解了过去中国人在何种价值观的影响下形成了何种生活方式，过着怎样的生活，虽然只能看到冰山一角，但这也能成为理解的线索。在我们看来，有时我们会认为中国人一些做法"实在太过极端""奇怪""无法理解"，但是这些被我们贬低的行为也许一直被视为一贯的做法。我们可以不与之产生共鸣，也不必如此。但是，我们可以学会理解。首先能够理解非常重要。

现实总是残酷的，人类在各种威胁中披荆斩棘，为了生存拼尽全力。现代人也面临着威胁，我们生存在危机四伏的世界中。虽然日子看起来静如止水，实际上我们愈发恐惧与憎恨对这种平静生活造成破坏的因素。过去的人们也是如此，他们虽然恐惧当时的不稳定与危险因素，但是仍竭尽全力地生存下去。在古人为了生存所做的努力中，有很多值得我们借鉴的内容。"生存"是一项艰辛的任务，单纯地作为生命体维持心脏的跳动，那并非"生存"。

因此，除了极少数人主动挑起争端并造成伤害，普通人都不愿意受到不合理对待，也不愿意经历战争。即便将"官"理解为"天地自然的法则"，倘若受到"官"的威胁，古代的中国人无疑最希望保全的，还是生命。因此，民众需要具备自己的生存理念和意志。

《孟子·梁惠王上》有这样一则故事。齐宣王可怜祭祀用的牛，便下令将这头牛换成一只羊。孟子听说以后，假意夸奖齐宣王，实则进行了讽谏。孟子说："王若隐其无罪而就死地，则牛羊何择焉？"接着说："是乃仁术也，见牛未见羊也。"他一语道破其中原因，说明了为何君王用（没见过的）羊替换（眼前的）牛用来祭祀。在当今日本，我们日本人有时会成为故事中的牛，有时会成为那只羊。不仅如此，面对国际纷争，如果纷争双方是发达国家与发展中国家，那么，我们很有可能成为故事中的齐宣王。我们要有思考能力，至少要知道"既然牛与羊皆无罪，那么哪一方被杀害都是无辜的"。我们不仅要保证自己的生存，还要与他人和谐共生。

名誉上的官衔也会让一个人甚至整个家族感到无上荣誉（第五章）。在天地自然的法则中，"官"具有尊贵的地位。正因为如此，才形成这样的价值观和荣誉感。但是，"官"对于现代的我们，已经不再具备如此尊贵的光环。否定官员的特权，才是民主思想的主张。从这个角度出发，我们不会轻易同意民众成为主体的"私"，地位上低于或者从属于"官"或"公"。

政治家们站在自己的立场上，很容易持有这样"现实"的想法。但是，老百姓并不会这样认为。在普通民众眼里，政治并非高尚的。政治家毫无道德可言，他们不过是以政治家的口吻讲话的平民百姓，这些人毫无自主性且毫无权力。政治家也是普通人，即使他们以政治家的论调讲话，也没有权力对普通人颐指气使。

即便在古代中国，"公"的权力足以压垮"私"，但是也出现过"私"高于"公"的现象。君主的统治存在于天地自然的法则中，亲子关系同样存在于其中。相比之下，亲子关系要优先于人为创造出来的君臣关系。所以，如果为了保全亲子关系去违抗"公"，在过去是可以得到谅解的。第三章引用《孟子》的帝舜的故事，就是一个例证。帮助犯罪的父亲潜逃，更符合"道"。本书还引用了《论语》中叶公与孔子的问答为例。孔子认为，父子两人互相隐瞒偷盗行为才是正直。因此，"公"与"私"都合乎"天地自然的法则"，所以看起来二者会产生冲突。但是，也可将二者放在同一架天平上调节，使之产生平衡。在极端情况下，超越"公"的领域，以"私"为贵也不为过。这对古代的人们来说，也是可以得到认可的生活方式。

但是，如今"公"的权力并非存在于"天地自然的法则"中。国家与法律都是人为制定的，这些制度不过是将众人一致的观念合法化罢了。另一方面，"私"对于一个人及其家族来说，也不再遵从"天地自然的法则"。人类虽然制定了包罗万象的制度，但是"私"也并不是这个制度内的合理因素。生于家中的个人，却要在家之外寻找尊严。"私"是边界模糊的概念。当今时代，"公"与"私"并不存在于统一的基础之上。无法放在同一架天平上调节，因此难以平衡。不仅如此，我们提倡的尊重个人，最终还是要依靠"公"（比如宪法）的力量。"私"看似自由，但实际上，就像如来佛祖掌心的孙悟空一般无处可逃。从某种角度思考，现代人比古代人更受制于"公"。"公"会干涉人生的各个方面，个人信息、生活状态等都在"公"的掌心。我们需要质疑，"公"具备如此强大的力量，当真没有问题吗？

如今，在"公"压制"私"的时候，我们无法通过古代中国人的处世之道解决问题，即与"公"为伍（步入仕途）。当然，我们也不可能摆脱"公"，只能通过改变"公"的形态以保障自身安全。现代政治系统的结构就是如此。当今的"公"，已不再是位居万民之上的超然之物。在现代，民众（也就是无数个"私"）的合意赋予了"公"成立的合理性。今天的"公"，比"民父母"具备更高的严密性，我们才会认可"公"的合理性。

因此，珍视自己生命与人生的人，应该要认真思考"公"的理想状况。在选举中，投票率低表现出的不是对政治没有兴趣，而是证明了对自己人生的漠不关心，没有认真思考，如何努力保护自身的所有物。忘记"公"生于"私"，这最终会损害到自身。拒绝被不合理的力量威胁，拒绝做出伤害自己的选择，要坚定维护"私"的信念，寻求生存之路。

笔者认为，在摸索和构建具体的生存路径时，历史可以成为我们优秀的向导。历史中，并不存在标准答案。历史中，存在的是仅有一次的事实。相同的事情，不会再发生第二次。同样的方法，不会奏效第二次。所以，无法在历史中寻求对症的解药。但是，历史会提供给我们很多选项，并且标注了各个选项所致的后果。并且，这个后果常常触及生命（导致死亡）。历史记载的不是抽象的概念，也不是凭空捏造的桥段。我们可以借鉴的，并不是一种模式，我们要去思考历史事件的产生与发展，从中寻找一种思维方式和行为准则。

实际上，历史悠久并不值得骄傲。中国被描述为具有"悠久历史"的国家，中国确实拥有漫长的历史。有一部分人认为，日本人应该在历史中寻找自信，以此增加当代日本人的自豪感与自信心。如果当代中国人也以此方式拥有自豪感与自信心，那么日本人在面对中国人的时候，自己的自信和骄傲便会荡然无存。因为，两国历史规模相差甚远。但是，即便如此，中国也并没有在现代世界中高出他国一等。也绝不能强调，中国因此就可以支配整个世界。以本国为豪，是无可非议的。但历史赋予的自豪与骄傲，并不会与当代人的自信与发展潜力直接相关。这一点，望读者明确。赋予当代人价值的，并不是历史本身，而是当代的思想与行动。一个国家如果没有优秀的当代思想，当代人就不会拥有真正的自信，国家的前景也不会乐观。

为了与更多人在这个世界上共存，需要寻找符合当代及未来的思维模式与发展方向。幅员辽阔、人口众多，这已不再是一件值得骄傲的事情。我们应清楚认识到，自己国家较他国优越，甚至欺凌他国，绝不是今天应该选择的路径。由于时代与地区不同，历史中的一些价值观已经无法适应当今时代。虽不至于全盘否定，但放在今天还需慎重。比如"孝"道。"孝"看似是普世概念，但在不同时代和地区，"孝"道形成的基础各不相同。不同的"孝"，基于不同的思维方式和不同的实际状况。切记不可忽略以上思考，否则就成了囫囵吞枣。更不要被传统观念中的"大义"所迷惑。

我们还要致力于使"私"与"公"可以保障人类生存。要承认自己肩负着责任，并需要每一个人都切实行动。我们要创造一种"公"，使其保障每一个人可以平安度过仅有一次的人生。这才是最为基本、最为重要的事情。天生民，然后才生万物，这一观念至今仍有重大的意义。

我们需要思考，如何创造一个以珍惜生命、重视人生为出发点和目标的"生活历史"和"生存历史"。

后 记

最后，再次梳理创作这本书的初衷。

首先，笔者想以当代人的身份，思考当代及未来的理想状态。每天的新闻，都使我感到沮丧。我无法从任何一则新闻中，捕捉到对未来的希望。不仅是新闻，走在大街小巷，也会目睹到不愿目睹的事情频频发生，不愿意听到的声音也不绝于耳。特别令人难过的是，人们在城市生活中的"孤独感"，以及由于孤独感引发的事件（年轻人为主）；人们承受着来自社会及国家的高强度压力，有些人渐被压垮（中老年人居多）；类似令人难过的事情，每天也在其他国家发生着。

一旦发生重大事件，媒体便会刨根问底，曝光被害方与加害方的隐私。强调加害方的特殊之处（即不寻常的人），抑或是强调双方之间存在何种矛盾。总之，引导大众，使之认为"普通人不用担心，他们只是个例"。受众自然会解除心结，不再操心。但是，事实果真如此吗？受众这样就可以心安理得了吗？即使将危险事件认定为特例，撇清或隐瞒受众与该事件的关联，危险因素是依然存在的。只有承认内心深处的不安，并从根本上找到应对不安的良策，才能带来真正的安全感。

世间为何会发生这种事？当我们有这类疑问的时候，就说明我们对一些问题思考得不够充分。即，人类是如何存在的？社会的理想状态是怎样的？人生仅有一次，该如何度过一生？我们对这些问题，缺乏主动思考。突发性事件是无法避免的，但我们都希冀长寿，向往更好人生。为此，就要致力于消除一切妨碍这一目标的因素。或者说，要远离这些因素。然而，事实并非如此。在我看来，人们会轻易对发动战争的言论表示理解，完全不会对可能威胁自身的动向产生疑问。即便不是智者，也可以避免断送自己的未来。我们凭借一己之力，虽不能创造出使人生更好的条件。但是，一个人足以创造出毁灭人生的条件。

人类是怎样存在的，社会的理想状态应该是怎样的，如何度过仅此一次的人生，这些绝不是高不可攀的问题。这些问题，本来就该是所有人思考的，所以不会极为复杂。并且，这一问题没有固定答案。虽然有些宗教能给出答案，但是不同宗教的答案也不尽相同。归根到底，这一问题是不存在唯一答案的。我认为，没有固定答案并非坏事。但是，有些答案能使大多数人达成共识。前文也提及过，人们都想长寿，并且憧憬丰富的人生。为此就要尽力排除障碍，或者远离这些障碍。为了过上这样的生活，我们需要重新思考并讨论人类的存在意义以及社会的理想状态，这就是本书的写作初衷。实际上，古代中国人也并非所有人都对这些问题进行了思考，古代中国也没能使其成为系统化的思想。但是我们以自身的生存为基本问题，通过经验和现实认知对以上问题形成总体理解。本书面向的，是包括我在内的广大民众。笔者在创作过程中，没有被其他因素及看似宏大的题目所影响。我的脑海中，只有一个想法，即平凡的人们，该如何在这个世界上生存下去。

拙著《"正史"是如何写成的》中也曾提及，人类历史并不是由恶至善的进步史。人类历史提供的是一个选择，让人们看到特定时间发生的特定事件。战争永远不会消失，其原因也在于此。因此，过去发生的现象，虽已被岁月燃烧成灰烬，但可能死灰复燃的历史碎片不计其数。沉睡在历史中的不合理制度，若听不到泯泯众生否定与反对的声音，便会随时苏醒。科幻小说常以独裁统治和暴力为背景，这种手法看似有些"老套"，但这并不是因为作家缺乏想象力。本书之所以讨论君主制，也是因为我缺乏上述的危机感。如果我现在生活在君主制国家，那么这就不只是与生活方式相关的问题了。这个问题，将会对我的生存意义产生重大影响。

我学习中国史，因此引用了中国历史中的史料。采用中国人过去对人类、家族、社会、国家的看法，以此为主题创作了本书。这些主题，都涉及社会学与政治学。相关领域的研究，想必也不胜枚举。本人从历史角度，叙述了此类问题在古代中国的存续形态。本书以现代社会问题为出发点，目的在于将过去人们的思维方式提示给当代人，并非直接分析当代问题。因此，我也无法为当代的社会问题给出解决方案。并且，笔者并没有肯定或者否定历史中的观念。文中虽然建议读者应重新评价过去中国的家族观念，但是本人强烈反对"家族制度"的复活。将家族观念上升为国家法律制度，就这一点，本书持有批判态度。况且，现代的亲子关系发生了变化。父母和子女从事的职业不同，生活环境也不尽相同，早已无法适应古代的家族观念。人生中的大部分时间中，前后两代人都是独立生活的。今后，父母与子女之间的羁绊会是什么呢？这个问题值得我们思考。附言一句，本书并未涉及"家父长制"的相关问题。本书没有探究家族内部的"力量"，主要着眼于能够使家族凝聚起来并经久不衰的"气"。

接下来，是本书创作的第二个初衷。拙著《"正史"是如何写成的》中也表示过，著述是为了介绍中国历史上发生的故事。中国历史故事可以追溯到公元前，从那时开始便累积了大量的文献。其中，记载着无数古人的人生故事。然而，实际上介绍这些故事的大众读物为数不多，更多的是道德类书籍。读者可以从中学习到中国古人的智慧，这类书主要是对经典的解释说明。作者会以经典中提倡的道德为标准，对近期发生的事件发表评价，陈述所思所想。但是，这样做并没什么新意（尤其是面向商业人士的书籍）。本书已经提过，经典书籍是以所在时代的价值观为背景书写的。经典中的价值观，必然存在不平等以及上下等级秩序。有些书籍是以这些经典为素材著成的，如《现代孙子兵法》《菜根谭智慧》。若某公司员工发现老板喜欢读这类书籍，他们理应感到不寒而栗。如果摆脱这种固有的写作手法，与过去的历史划清界限，那么，该怎样思考眼下和未来呢？笔者以这一思路写成本书。其实，笔者认为，一切书写历史的书籍，都应该采用这一创作思路。附言一句，笔者在写作过程中，尽我所能力图将文章写得通俗易懂，但难免有解释不周之处。望读者阅读后附参考文献，期待识者指摘本书的不足之处。

　　一般书籍引用的例子，多为千篇一律的名人故事。面对璀璨的历史宝库，只选取几个耳熟能详的名人故事，实在暴殄天物。并且，大多数名人都是各个时代的"典型人物"。本书中列举的，很多是默默无闻的平民百姓。因为，笔者认为只有这些人物，才能反映当时更为普遍的思维模式和行为方式。虽说能够青史留名的人物已经并不平凡，算不上最为普通的阶层。但他们也称不上是时代楷模。所以，姑且可以将他们视为普通民众。关于他们的有趣故事，远不止本书中提及的这些，若有机会，一定另做讲解。

本书在书写过程中，参考了诸多先行研究。具体参考资料，另附文献目录介绍。望各位读者能够抽出宝贵时间，阅读这些值得一读的著作。中国史领域的研究可谓日新月异，文献目录中列举的著作及论文只是沧海一粟。另外，书中部分内容，在学术史上存在不同见解，本书只选择了其中一种观点。因为专业领域的学术研究，并不在本书的讨论范围之内。或者说，书中有些内容有其他解释，或与之相反的意见。书中存在多处可以商榷的内容。我认为将这些观点视为总体中的一部分进行讲解无妨，因此才写入书中。望广大读者在阅读时多多海涵。不同见解的出现，有助于具体材料的解读，也有助于对问题的深入研究。笔者也将不会停下思考的脚步。

感谢岩波书店米滨泰英先生为本书问世付出的诸多努力。本书若有可取之处，都要归功于米滨先生的鞭策与鼓励。此外，还要感谢尾形勇、金子修一、洼添庆文三位老师的谆谆教导，笔者从三位老师那里获益良多。在此，对各位表示由衷感谢。当然，若文中出现由于力所不逮造成的谬误，一概由本人负责。

2005 年 3 月

竹内康浩

参考文献

全书

梅原郁《皇帝政治与中国》白帝社，2003 年

松丸道雄、池田温、斯波义信、神田信夫、滨下武志编《世界史大系 中国史》一—四，山川出版社，1996—2003 年

＊文章内容新颖丰富，颇值参阅。《中国史》共五部（本书涉及的朝代范围为第一部至第四部）。

沟田雄三、丸山松幸、池田知久编《中国思想文化事典》东京大学出版会，2001 年

＊选取的词目十分恰当，立论以研究史为依据，内容翔实，具有极高参考价值。

不仅作为历史事典，作为启蒙读物也具有价值。

沟口雄三《中国的冲击》东京大学出版会，2004 年

＊本书虽与《中国的冲击》的具体章节无关，但望读者可以参考该书中独到视角。

官崎市定《官崎市定全集》全二十四卷，别卷一卷，岩波

书店，1991—1994 年

　　＊作者在古代史以及近代史领域研究成果显著，引用书目汇集作者研究成果，便于查阅。各卷作者解说也耐人寻味。

资料译本

《集英社 全释汉文大系》全三十三卷，集英社，1973—1979 年

《平凡社 中国古典文学大系》全六十卷，平凡社，1967—1975 年

　　＊前者附原文，注释详细。后者不仅译文值得参考，选取的书籍种类繁多。内容充分参考学者研究。两书皆具极高参考价值。

高田真治、后藤基巳译《易经》上下，岩波文库，1969 年

金谷治译注《论语》岩波文库，1963 年

金谷治译注《韩非子》全四册，岩波文库，1994 年

谢肇淛（岩城秀夫译注）《五杂组》全八册，平凡社东洋文库，1996—1999 年

　　＊以上皆为单册书籍翻译，便于购买。拙著在写作过程中参考了以上译著。

第一章—第三章

浅野裕一《墨子》讲谈社学术文库，1998 年

上田信《传统中国》讲谈社选书技巧，1995 年

*讲述明清时期宗族的形成及生活形态。

内田智雄编《译注中国历代刑法志》创文社，1964 年

尾形勇《中国古代的"家"与国家》岩波书店，1979 年

*本书没有用到该书具体内容，该书对统治及"家"的问题做了详尽深入的研究。

小野泽精一、福永光司、山井涌编《气的思想——中国自然观与人类观的发展》东京大学出版会，1978 年

加地伸行《什么是儒教》中公新书，1990 年

桑原骘藏《中国孝道》讲谈社学术文库，1977 年（或《桑原骘藏全集》第三卷，岩波书店，1968 年）

*该书调查了大量关于"中国孝道"的史料，作者在著作中加入了自己的见解。创作时间为昭和二年（1927），作者的见解也基于当时社会背景，阅读时需要注意这一点。

桂万荣编（驹田信二译）《棠阴比事》岩波文库，1985 年

*收集中国著名的判例（经典判例），其中有些情节类似大冈审判的故事，读来十分有趣。

黄仁宇《万历十五年》（稻畑耕一郎译）东方书店，1989 年

坂出祥伸《"气"与道教·方术的世界》角川书店，

1996 年

滋贺秀三《中国家族法的原理》创文社，1967 年

*该书内容极为丰富，叙述毫无晦涩之处。是该领域的经典著作。

下见隆雄《孝与母性的机制》研文出版，1997 年

下见隆雄《依赖母性的思想》研文出版，2002 年

*对"孝"进行了重新思考。后者对《二十四孝》做出详细论述。

章景明（本田二郎译补）《先秦丧服制度考》角川书店，1974 年

濑川昌久《中国社会的人类学》世界思想社，2004 年

*对宗族问题进行了简明总结

竹内康浩《"正史"是怎么写成的》大修馆书店，2002 年

仁井田陞《中国法制史研究 补充修订版》全四册，东京大学出版会，1980 年

西冈弘《中国古代的葬礼与文字 改订版》汲古书院，2002 年

藤川正数《礼的故事》明德出版社，1993 年

诸桥辙次《诸桥辙次著作集 第一卷 儒学的目的与宋儒的活动》大修馆书店，1975 年（创作时间为 1929 年）

诸桥辙次《诸桥辙次著作集 第四卷 中国的家族制》大修

馆书店，1975 年（创作时间为 1940 年）

*引用古籍的同时，对古代中国的家族形式做出详尽解读。

第四章—第八章

安部健夫《清代史研究》创文社，1971 年

大木康《明末落榜的知识分子 冯梦龙与苏州文化》讲谈社选书技巧，1995 年

*记录科举带来的悲欢故事，内容通俗易懂。

大泽正昭《主张的"愚民"们》角川书店，1996 年

*引用记载南宋时期判例的《名公书判清明集》，可以了解当时百姓不屈服于权贵的坚强意志。

小川环树等译"答秦太虚书"《中国文明选 第二卷 苏东坡集》朝日新闻社，1972 年

颜吉鹤等编译《中国历代贪官传》国际文化出版公司，1992 年

*另有台湾版本。书中故事基本相同。

许大龄《清代捐纳制度》燕京大学哈佛燕京学社，1950 年

佐伯富《中国史研究》一—三，东洋史研究会，同朋舍出版，1969—1977 年

*拙著在创作过程、特别是讲述宋朝官僚部分参考了该书。

台湾总督府编《清国行政法》1905—1915 年

冯梦龙（松枝茂夫译）《笑府》上下，岩波书店，1983 年

平田茂树《科举与官僚制》山川出版社，1997 年

木村英一编《慧远研究》京都大学人文科学研究所，
1961 年

三浦国雄《人类文化遗产 19 朱子》讲谈社，1979 年

矢泽利彦《西方人眼中的中国皇帝》东方书店，1992 年

＊内容十分有趣。能够充分感受到西方人的惊诧之情。

和田正弘编著《中国传统社会的历史特质》中国书店，
1997 年

＊书中所述内容相当专业，但对资料做出的评论十分有趣。

渡边信一郎《天空的玉座》柏书房，1996 年

＊涉及诸多统治思想及其具体表现的相关内容。

渡边信一郎《中国古代王权与天下秩序》校仓书房，2003 年

＊包含《孝经》相关论述与思考。

"IKIKATA"NO CHUGOKUSHI: CHUKA NO TAMI NO SEIZON GENRI
By Yasuhiro Takeuchi
© 2005 by Yasuhiro Takeuchi
Originally published in 2005 by Iwanami Shoten, Publishers, Tokyo.
This simplified Chinese edition published 2022
By New Star Press Co, Ltd., Beijing
By arrangement with Iwanami Shoten, Publishers, Tokyo

图书在版编目（CIP）数据

从前的中国／（日）竹内康浩著；宋刚译 . —— 北京：新星出版社，2022.1
ISBN 978-7-5133-4684-9

Ⅰ.①从… Ⅱ.①竹… ②宋… Ⅲ.①社会生活-研究-中国-古代
Ⅳ.① D691.9

中国版本图书馆 CIP 数据核字（2021）第 191969 号

从前的中国

[日] 竹内康浩　著；宋刚　译

项目统筹：孙志鹏
责任编辑：姜　淮
责任校对：刘　义
责任印制：李珊珊
装帧设计：冷暖儿

出版发行：新星出版社
出 版 人：马汝军
社　　址：北京市西城区车公庄大街丙3号楼　　100044
网　　址：www.newstarpress.com
电　　话：010-88310888
传　　真：010-65270449
法律顾问：北京市岳成律师事务所

读者服务：010-88310811　　service@newstarpress.com
邮购地址：北京市西城区车公庄大街丙 3 号楼　　100044

印　　刷：北京盛通印刷股份有限公司
开　　本：787mm×1092mm　　1/32
印　　张：8.125
字　　数：120千字
版　　次：2022年1月第一版　　2022年1月第一次印刷
书　　号：ISBN 978-7-5133-4684-9
定　　价：58.00元